Günther Hoegg

99 Tipps

Schulrecht

Cornelsen

Dr. jur. G. Hoegg hat eine seltene Doppelqualifikation: Er ist nicht nur Jurist mit dem Schwerpunkt Schulrecht, sondern auch ausgebildeter Lehrer mit über 30 Jahren Lehrerfahrung. Seit 2004 gibt er schulische Fortbildungen im gesamten Bundesgebiet.

Die Inhalte des Buches wurden mit großer Sorgfalt zusammengestellt. Für mögliche Änderungen im Schulrecht der unterschiedlichen Bundesländer kann die Richtigkeit der Informationen nicht garantiert werden.

Projektleitung: Franziska Wittwer, Berlin
Redaktion: Elisabeth Dorner, Berlin
Umschlagkonzept: Jule Kienecker, Berlin
Umschlaggestaltung: LemmeDesign, Berlin
Layout/technische Umsetzung: Kösel Media GmbH, Krugzell
Die Reihenkonzeption wurde von Cornelia Colditz und Claudia Kahlenberg im Rahmen eines studentischen Wettbewerbs im Studiengang Verlagsherstellung an der HTWK Leipzig (www.verlagsherstellung.de) unter Leitung von Julia Walch, Bad Soden, entwickelt.

www.cornelsen.de

2. Auflage 2017

Druck: AZ Druck und Datentechnik GmbH, Kempten

ISBN 978-3-589-15814-0

PEFC
PEFC/04-31-2260

PEFC zertifiziert
Dieses Produkt stammt aus nachhaltig bewirtschafteten Wäldern und kontrollierten Quellen.

www.pefc.de

Inhaltsverzeichnis

Allgemeines Beamtenrecht

Leistungsbewertung

Aufsichtspflicht und Haftung

Urheberrecht

Disziplinprobleme

Umgang mit Eltern und Schulleitung

Datenschutz und Vermischtes

Kopiervorlagen

Da wir unter uns sind, kann ich es ja sagen: Bei dieser Reihe der „99 Tipps“ müssen es natürlich immer genau 99 Tipps sein. Denn was würden Sie von einem Titel wie „102 Tipps“ oder „73 Tipps“ halten? Das wäre nicht besonders ansprechend. Schließlich hat Moses ja auch keine vierzehn Gebote geliefert, sondern genau zehn. Um also genau auf solch magische Zahlen zu kommen, muss (und darf) man als Autor natürlich ein wenig schummeln. Wenn es – wie bei mir – nur 93 Tipps sind, werden einige Tipps deshalb gesplittet. Wundern Sie sich daher nicht, wenn Sie an einigen Stellen dicht hintereinander zwei Tipps finden, die man also auch hätte zusammenfassen können. Ja, das hätte man. Aber Sie wissen ja jetzt, warum das nicht geschehen ist.

Der zweite Punkt betrifft die Überschriften, die (aus Gründen des Layouts) möglichst nicht mehr als eine Zeile umfassen sollen. Was für andere Bereiche und Autoren vielleicht kein Problem darstellt, wird in unserem Fall schwierig, weil neben juristisch wichtigen, aber komplizierten Schlüsselbegriffen wie „Beurteilungsspielraum“, „Beweislastumkehr“ nicht mehr viel in die Zeile passt, weshalb die Überschriften manchmal etwas kryptisch wirken.

Um Sie jedoch für diese kleinen Ungereimtheiten zu entschädigen und damit der Text nicht so unpersönlich wirkt, treffen Sie bei mir Menschen aus Fleisch und Blut. Und so tauchen zur Illustration der Tipps auf: Allen voran Anna Nass, eine sympathische Junglehrerin mit ihrem ebenso sympathischen jungen Kollegen Peter Sielje. Daneben machen Sie Bekanntschaft mit dem Kollegen Johannes Bähre und der Kollegin Mietze Schindler, die leider als abschreckende Beispiele herhalten müssen. Ebenso tritt auf der Schulleiter, Karl Rotte, eher vorsichtig und meist restriktiv. Er ist nicht unsympathisch, aber eben so, wie ein typischer Schulleiter heute ist.

Natürlich brauchen wir auch Schüler und manchmal sogar deren Eltern. Ganz vorne stehen Jerome-Maurice und Sascha-Pascal, zwei eher problematische Schüler, die den

Lehrkräften immer wieder das Leben schwer machen. „Und was ist mit den Mädchen?“, werden Sie fragen. Na klar, im Zeichen der Gleichberechtigung tauchen natürlich Chantal und Jacqueline auf, zwei Schülerinnen, die ebenfalls andere Vorstellungen von der Schule haben als die Lehrkräfte. Ganz anders hingegen benehmen sich Lukas und Charlotte, die brav und fleißig sind und bei den Mitschülern deshalb als Streber gelten.

Diese Personen und einige andere, die nur punktuell auftauchen und deshalb hier nicht erwähnt werden, durchleben (aus didaktischen Gründen) schulrechtlich spannende Situationen, die am Schluss aber gelöst werden, woraus dann für Sie der jeweilige Tipp resultiert.

Im Regelfall lege ich die 8. Klasse einer Realschule (Oberschule) zugrunde. Falls jedoch zur Verdeutlichung des schulrechtlichen Problems und des dazugehörigen Tipps eine andere Jahrgangsstufe nötig sein sollte, merke ich es an.

Das Schöne an dem Buch: Sie können kreuz und quer in ihm herumlesen. Und da jeder Tipp nur etwas mehr als eine Seite umfasst, lassen sich selbst abends vor dem Einschlafen noch gut ein oder zwei Tipps lesen. Wenn Sie allerdings mehrere Tipps hintereinander lesen, werden Sie den roten Faden schulrechtlicher Entscheidungen erkennen, der sich durch die Tipps des Buches zieht.

Ach ja, fast hätte ich es vergessen: Lediglich aus Gründen der sprachlichen Vereinfachung wird z. T. nur die männliche Form erwähnt, so wie man gemeinhin sagt, dass man „zum Arzt“ oder „zum Friseur“ geht, selbst wenn es sich im konkreten Fall um eine Frau handeln sollte. Das weibliche Pendant ist folglich immer mitgedacht. Das ist doch klar.

Ihr Günther Hoegg

P. S. Schauen Sie doch einmal hinten in den Anhang, denn dort finden Sie hilfreiche, praxiserprobte Kopiervorlagen.

10 Top-Tipps ... die Lieblingstipps des Autors!

1 Dienstreisen begreifen

Der sympathische junge Kollege Peter Sielje, der sich hiermit bei Ihnen vorstellt, arbeitet an einer Schule in einer deutschen Kleinstadt. Da er jedoch während seines Studiums die Vorzüge der Großstadt kennengelernt hat, wohnt er nicht am Schulort, sondern in der etwa 30 km entfernten deutlich größeren Stadt. Diese ist zwar noch keine richtige Großstadt, aber sie bietet doch einiges mehr als der beschauliche Schulort. Als Folge dieser Trennung von Arbeits- und Wohnort muss Sielje allerdings jeden Tag zur Schule fahren, eine Konsequenz, die er ohne Zögern in Kauf genommen hat.

Zwar gibt es öffentliche Verkehrsmittel, die von seinem Wohnort zur Schule verkehren, aber diese brauchen deutlich länger und haben feste Abfahrtszeiten. Da Sielje aber gerne flexibel entscheiden möchte, wann er an den einzelnen Tagen zur Schule und wann er wieder zurückfährt, entscheidet er sich, sein privates Auto zu nehmen. Schließlich kann er die Fahrtkosten zur Schule am Jahresende ja steuerlich absetzen.

Nutzung des Privat-Pkws

So weit, so gut. Sielje fährt jeden Tag mit dem Auto, bei Sonne und Regen, bei Sturm und Eis. Damit kommen wir zu jenem schlimmen Tag, an dem das Unglück geballt über ihn hereinbricht. Nachts hat es überraschend geschneit und gefroren, so dass Sielje sein Auto erst einmal freischaufeln bzw. freikratzen muss. Weil er dadurch in Verzug gekommen ist, aber trotzdem pünktlich in der Schule sein möchte, fährt er schneller als sonst. Und dann passiert es! Auf der vereisten Straße gerät sein Wagen in einer Kurve ins Schleudern, kommt von der Straße ab und prallt gegen einen Baum. Wir lassen es glimpflich ausgehen: Sielje bleibt zum Glück unverletzt, aber der Wagen ist hinüber, ein versicherungstechnischer Totalschaden.

Weil Sielje von Hause aus Optimist ist, glaubt er, der Unfall sei auf einer Dienstreise geschehen und der Dienstherr würde schon für den Schaden aufkommen. Das ist leider ein (weit verbreiteter) Irrtum. Sie sollten also wissen, wann eine Dienstreise vorliegt – und wann nicht. Gehen wir es negativ an: Nicht jeder Weg zum Dienst ist automatisch eine Dienstreise. Denn eine Dienstreise muss (vorher) **beantragt und genehmigt** werden.

Jede Dienstreise muss genehmigt werden

SOS-Tipp

Die Genehmigung können Sie bekommen, wenn Sie Schüler während des Praktikums an entlegenen Orten besuchen oder wenn Sie zu einer ungünstig gelegenen Außenstelle Ihrer Schule müssen, zu der Sie mit öffentlichen Verkehrsmitteln etwa zwei Stunden länger brauchen als mit dem eigenen Auto.

Wenn Sie aber mit Ihrem Privat-Pkw regelmäßig zur Schule fahren, liegt nur eine simple Fahrt zum Arbeitsplatz vor, die Sie auch mit öffentlichen Verkehrsmitteln hätten durchführen können. Zugegeben, das wäre nicht so bequem und es würde auch länger dauern. Aber diese beiden Aspekte interessieren den Dienstherrn nicht sonderlich – und schon gar nicht bringen sie ihn dazu, für Ihre Bequemlichkeit zu zahlen.

2 Dienstunfälle durchschauen

Lassen Sie uns den Fall von Tipp 1 variieren, um auf den Dienstunfall zu kommen, denn diese beiden Punkte hängen häufig eng zusammen. Im abgewandelten Fall hat Sielje sich bei seiner Fahrt zur Arbeitsstätte verletzt. Als unverbesserlicher Optimist glaubt er, das sei als „Dienstunfall" versichert und hat damit – zumindest im Ergebnis – Recht. Es ist allerdings kein Dienstunfall, sondern ein sog. „Wegeunfall", der bei allen Arbeitnehmern über die gesetzliche Unfallversicherung versichert ist. Es zahlt also die gesetzliche Unfallversicherung und nicht der Dienstherr, was dem Kollegen aber in seiner Situation ziemlich egal ist.

› Tipp 1

Nun aber sollten Sie verstehen, was ein Dienstunfall ist: Er liegt nur bei einem Schaden vor, der durch eine äußere Einwirkung, die genau bestimmbar ist, plötzlich hervorgerufen wird. Sie ahnen also schon, dass eine schleichende Krankheit kein Dienstunfall sein kann.

Unfall als Folge des Dienstes

Damit ein Dienstunfall vorliegt, muss der Unfall außerdem in Ausübung (oder infolge) des Dienstes geschehen. Füllen wir diese recht abstrakten Begriffe. Wenn Sie als Sportlehrer etwas vorturnen und dabei stürzen, ist das ein Dienstunfall **in Ausübung** des Dienstes. Wenn Sie jedoch einem Schüler auf dem Zeugnis eine Fünf geben und dessen Vater verprügelt Sie daraufhin am nächsten Tag in der Stadt, dann ist das ein Dienstunfall **infolge des Dienstes**.

Eigenwirtschaftliche Tätigkeiten

Das ist ja alles noch recht nachvollziehbar, aber nun wird es schwer begreiflich, denn es geht um die sog. „eigenwirtschaftlichen Tätigkeiten", die nicht versichert sind.

Um die Ecke gedacht

Wenn Sie in der Mittagspause (Ganztagsschule) auf dem Weg zur Mensa ausrutschen und sich ein Bein brechen, so ist das ein Dienstunfall. Verschlucken Sie sich jedoch am Essen, so ist es keiner, weil die Nahrungsaufnahme eine „eigenwirtschaftliche" Tätigkeit ist. Gleiches gilt für den Toilettengang: Der Weg dorthin ist versichert, nicht aber die eigentlich Verrichtung.

Verlassen wir dieses komplizierte, undurchschaubare Gebiet und wenden wir uns Bereichen zu, die dem normalen Verstand deutlich zugänglicher sind.

3 Vertrauensvoll zusammenarbeiten

Unser sympathischer Kollege Peter Sielje unterrichtet an einer Schule mit etwa 60 Kollegen. Da es sich bei dieser Schule um eine wirklich durchschnittliche Schule handelt, gibt es an ihr auch zwei ausgesprochen unsympathische Kollegen. Schließlich macht die Statistik vor nichts und niemandem halt, nicht einmal vor Sieljes Schule. Denn statis-

tisch gibt es in der Bevölkerung nun einmal 3% Idioten, Querulanten, Menschen, mit denen man wirklich nicht auskommen kann.
Wenn Sie jetzt an Ihre Schule denken, werden Sie dies sicherlich bestätigen. Sie können jedoch ganz beruhigt sein: Es liegt nicht an Ihnen. Es liegt folglich auch nicht an Sielje, dass er mit dem Kollegen Johannes Bähre nicht auskommt.
Nun gibt es an unserer Schule einen speziellen Raum, in dem man wunderbar Filme zeigen kann. Diesen Raum hat Sielje für eine Doppelstunde reserviert, um nach der Lektüre eines Buches jetzt den entsprechenden Film anzuschauen. Weil seine Klasse in der letzten Stunde aber ausgesprochen unruhig war, hat er die Filmvorführung verschoben. Er braucht somit den Raum nicht jetzt, sondern irgendwann später.
In der großen Pause vor der besagten Stunde kommt der unsympathische Bähre und fragte ihn, ob der Raum frei ist. Und jetzt wird es juristisch interessant. Sielje dürfte zwar als Einleitung noch sagen: „Ich kann dich wirklich nicht leiden", aber danach muss folgen: „Der Raum ist frei."
Damit haben wir die Überleitung zu einem Punkt Ihrer Dienstpflichten, der so wichtig ist, dass es dafür sogar einen eigenen Paragraphen im Beamtengesetz gibt. Es ist die Pflicht zur vertrauensvollen Zusammenarbeit, an die Sie gebunden sind, und zwar selbst dann, wenn Sie irgendeinen Kollegen persönlich nicht mögen. Sie müssen mit solchen Kollegen nicht in Urlaub fahren, Sie müssen sich in der Pause auch nicht über private Dinge mit ihnen unterhalten, aber in dienstlichen Angelegenheiten müssen Sie mit allen Lehrkräften Ihrer Schule offen und fair zusammenarbeiten.

Vertrauensvolle Zusammenarbeit ist Pflicht

Das gilt ebenfalls für die Schulleitung, und zwar nicht nur weil sie Ihre vorgesetzte Instanz ist, sondern weil Ihre Schule ein Team darstellt, das nur dann effektiv arbeiten kann, wenn alle Beteiligten offen und fair miteinander umgehen.

4 Seien Sie auch intern verschwiegen

Es ist kaum zu glauben, was die Kollegin Anna Nass gerade eben in ihrer Klasse erlebt bzw. gesehen hat! Da sie das ungute Gefühl hat, einige ihrer Schüler würden nach dem schweißtreibenden Sportunterricht bei ihr nicht duschen, nimmt sie sich vor, dies zu kontrollieren. Dazu geht sie nicht nur in die Umkleidekabine der Mädchen, sondern auch in die der Jungen. Dort sieht sie Marvin, der nicht duscht, sondern eigenartig in der Ecke herumsteht. Als er die Kollegin wahrnimmt, zieht er sich schnell sein Polohemd über, allerdings nicht schnell genug. Deutlich kann die Kollegin nämlich noch breite blaue Striemen auf seinem Rücken sehen. Ganz offensichtlich ist der Schüler verprügelt worden.

Wie umgehen mit Misshandlung?

Sie spricht Marvin daraufhin an. Der bekommt einen roten Kopf und erklärt ihr, er sei von einigen seiner Kumpels geschlagen worden, und zwar als Mutprobe, als Aufnahmeritual in eine jugendliche Clique. Anna glaubt das nicht, weiß aber nicht, was sie machen soll und geht erst einmal ins Lehrerzimmer. Dort erzählt sie von dem erstaunlichen Vorfall, was im Lehrerzimmer große Empörung und eine Riesendiskussion auslöst. Einige Kollegen äußern, sie hätten schon immer den Verdacht gehabt, die Eltern von Marvin würden ihr Kind verprügeln und dass man unbedingt etwas dagegen unternehmen müsse.

In diesem Moment betritt Karl Rotte, der Schulleiter, das Lehrerzimmer, hört kurz zu und bittet dann mit versteinerter Miene die Kollegin zu einem vertraulichen Gespräch in sein Dienstzimmer. Was er Anna vorwirft, ist Folgendes: Die Kollegin habe – vermutlich in bester Absicht – ihre Amtsverschwiegenheit verletzt, was ein nicht unerhebliches Dienstvergehen darstelle.

Pflicht zur Amtsverschwiegenheit

Das hat Anna tatsächlich gemacht, und Sie sollten nicht den gleichen Fehler begehen, selbst wenn Ihre Beweggründe noch so ehrenhaft sind. Natürlich dürfen und müssen Sie dieses Vorkommnis melden. Sie dürfen auch mit Kollegen darüber reden, allerdings nur mit denen, **„die es angeht"**. Wenn Sie, wie in unserem Fall, in der Klasse nur Sport unter-

Nur Betroffene informieren

richten, müssen Sie natürlich den Klassenlehrer und die Schulleitung informieren. Eventuell können Sie auch noch den Beratungslehrer hinzuziehen, aber danach ist Schluss. Der Rest ist Schweigen. Es gibt keinen Grund, dieses sensible Thema zum aktuellen Pausengespräch zu machen. Denn dadurch besteht die Gefahr, dass irgendwelche Plaudertaschen im Kollegium die sensationellen Erkenntnisse nach außen tragen, was gleich zwei unangenehme Folgen hätte: Falls die Vermutung stimmt, würden hierdurch die schlagenden Eltern gewarnt. Ist die Vermutung jedoch falsch, würde fälschlich ein schlimmes Gerücht verbreitet, was eine strafbare üble Nachrede (§ 186 StGB) darstellt.

Vorsicht vor übler Nachrede!

5 Benachrichtigen Sie das Jugendamt

Der folgende Tipp ist im Grunde eine Ergänzung des Tipps Nr. 4 (Verschwiegenheit). Allerdings werden Sie jetzt aufgefordert, nicht zu schweigen. Im obigen Fall hatte die Kollegin Nass bei einem Schüler (Marvin) rot-blaue Striemen auf dem Rücken entdeckt, die den Verdacht einer Misshandlung nahe legten. Es geht hier also darum, wie man sich in solchen oder ähnlichen Fällen zu verhalten hat. Dazu stelle ich Ihnen eine wichtige Gesetzesänderung vor, die sich allerdings noch nicht bis zu allen Schulen bzw. den Lehrkräften herumgesprochen hat. Diese Änderung ist deshalb so zentral, weil sie nämlich Lehrkräfte deutlich stärker in die Pflicht nimmt als noch vor ein paar Jahren. Damit sind wir beim KKG, dem Gesetz zur Kooperation und Information im Kinderschutz, das seit 2012 in Kraft ist. Was ist nun das Neue an diesem Gesetz?

› Tipp 4

Wichtiges Gesetz: das KKG

Wollte man es kurz und einfach zusammenfassen, so könnte man sagen: Früher war es eine **moralische** bzw. eine pädagogische Verpflichtung, beim Verdacht auf Misshandlungen tätig zu werden. Heute ist es eine **gesetzliche** Verpflichtung für Sie und alle in der Erziehung tätigen Personen, das Jugendamt zu informieren, sobald Sie „gewichtige Anhaltspunkte“ (§ 4 I KKG) für Verwahrlosung, Misshandlung oder sexuellen Missbrauch haben.

Wichtig ist das vor dem „Anhaltspunkt“ stehende Adjektiv, denn nur bei einem **gewichtigen** Anhaltspunkt müssen Sie tätig werden. Ein vages Gerücht über die Misshandlung eines Schülers verpflichtet Sie rechtlich noch nicht zu einer Meldung. Wenn jedoch, wie in unserem Ausgangsfall, rote und blaue Striemen auf dem Oberkörper eines Schülers sichtbar sind, dann sind das gewichtige Anhaltspunkte, es besteht also ein begründeter Verdacht.

Bei gewichtigen Anhaltspunkten handeln

Dieser Tipp ist insofern kein richtiger Tipp, im Sinne eines Vorschlags, den man ausprobieren kann oder nicht. Er ist vielmehr eine gesetzliche Verpflichtung, der Sie nachkommen *müssen*. Und ich rate Ihnen, diese Verpflichtung ernst zu nehmen. Anderenfalls müssen Sie nämlich mit straf- und disziplinarrechtlichen Konsequenzen rechnen.

Nun die gute Nachricht: Sie brauchen nicht selbst zum Jugendamt zu laufen. Es reicht, wenn Sie Ihre Schulleitung über Ihren Verdacht unterrichten und diese dann pflichtgemäß das Jugendamt informiert.

Schulleitung informieren

Achtung!

Falls Sie die Vermutung haben, Ihre Schulleitung würde den Verdacht nicht weiterleiten – auch so etwas soll es geben – sollten Sie einen Zeugen haben, wenn Sie der Schulleitung den Vorfall schildern. Machen Sie sich bitte auch in Ihren Unterlagen einen Vermerk, zu welchem Zeitpunkt Sie die Schulleitung über den Vorfall informiert haben.

6 Neutralitätsgebot beachten

Manchmal, Sie kennen das vielleicht, entwickelt sich das Verhältnis zu einer Klasse ausgesprochen positiv. Da wird nicht nur guter Unterricht gemacht, sondern das Verhältnis zu den Schülern ist auch menschlich angenehm. So ist es zur Zeit beim Kollegen Sielje mit seiner achten Klasse.

Die Schüler sind zwar nicht besonders leistungsstark, aber das persönliche Verhältnis ist wirklich nett. Das sind die seelischen Vorräte, von denen man als Lehrkraft im pädagogischen Winter zehren kann. Immer, wenn der Unterrichtsstoff ein bisschen lockerer gewebt ist, plaudert Sielje mit seiner Klasse ein wenig. Der Kollege erfährt etwas über seine Schüler, und auch diese wollen etwas über ihn wissen. So fragen sie ihn eines Tages, welcher Religion er angehöre und welche Partei er demnächst wählen werde.
Sielje ist einerseits erfreut über das große Interesse an seiner Person, andererseits weiß er nicht, ob er diese Informationen preisgeben darf. Denn im Lehrerseminar hat man ihn auf das Neutralitätsgebot hingewiesen, das er als Lehrkraft einzuhalten habe. Was darf Sielje nun und was darf er nicht?
Sowohl Sielje als auch Sie sind (an staatlichen Regelschulen) an das Neutralitätsgebot gebunden. Es besagt, dass Sie die Schüler nicht indoktrinieren dürfen. Sie dürfen folglich Ihre Weltanschauung nicht als unumstößliche Wahrheit darstellen. Denn falls Sie eine bei Schülern angesehene Lehrkraft sind, und das wollen wir einmal annehmen, dann besteht die berechtigte Gefahr, dass die Schüler sich von Ihnen beeinflussen lassen.
Sobald Sie jedoch Ihre Weltanschauung als persönliche Meinung kenntlich machen und daneben noch darauf hinweisen, dass man auch anderer Ansicht sein darf, ist gegen eine Offenlegung nichts zu sagen. Im konkreten Fall könnten Sie also erklären: „Also, ich bin bekennender Buddhist, aber es gibt Menschen, die haben einen Papst – und ich glaube, die sind auch ganz in Ordnung.“ Auf diese Weise hätten Sie Ihre Ansicht relativiert und blieben im grünen Bereich.

Eigene Meinung relativieren

Um die Ecke gedacht

Auch die letzte spektakuläre Entscheidung des BVerfG (2. Kopftuchurteil) scheint dem Neutralitätsgebot nicht zu widersprechen. Nach diesem Urteil dürfen nicht nur muslimische Lehrerinnen im Unterricht ein Kopftuch tragen, auch andere persönliche Religionsbekenntnisse dürften sichtbar zur Schau gestellt werden.

› 2. Kopftuchurteil, S. 139 Nr. 2

Sie könnten somit als jüdischer Lehrer im Unterricht eine Kippa tragen oder als überzeugter Christ ein Kreuz am Revers oder um den Hals. Das alles ist so lange zulässig, wie es von Schüler- oder Elternseite keine begründete Beschwerde über eine Beeinflussung gibt.

7 Eigene Religionsfreiheit kennen

Allmählich neigt sich das Kalenderjahr dem Ende zu. Die Weihnachtsferien stehen kurz vor der Tür und in unserer staatlichen Regelschule wird mit wachsender Begeisterung täglich Spekulatius gegessen. Für den letzten Tag vor den ersehnten Weihnachtsferien hat die (christlich geprägte) Schulleitung eine Weihnachtsfeier in der nahe gelegenen Christuskirche angesetzt. Dort soll in den ersten beiden Stunden eine Weihnachtsfeier stattfinden, bei der auch mehrere Lieder gesungen werden sollen: Christliche („Stille Nacht, heilige Nacht"), halb christliche („Rudolph, the red-nosed reindeer") und weltliche (Chris Rea: „Driving home for Christmas"). Anschließend geht es wieder zurück in die Schule, wo die Klassenlehrer mit ihren Schülern eine interne Feier abhalten. Danach verschwinden alle in die Weihnachtsferien. So weit, so gut.

Weihnachtsfeier in der Kirche

Für die Feier in der Kirche ist vorgesehen, dass die Kollegen, die in den ersten beiden Stunden in den jeweiligen Klassen Unterricht haben, diese dorthin begleiten und beaufsichtigen. Bei dieser Anweisung fühlt sich Anna Nass ziemlich unwohl, denn schon vor Jahren ist sie aus der Kirche ausgetreten, und zwar nicht wegen der Kirchensteuer, sondern aus weltanschaulicher Überzeugung. Es widerstrebt ihr folglich zutiefst, in eine Kirche zu gehen.

Die Schulleitung jedoch meint, in diesem Fall gehe die Beaufsichtigung der Schüler vor und die Religionsfreiheit müsse eben dahinter zurücktreten. Wer hat nun Recht? Die Kollegin hat Recht, ihre (passive) Religionsfreiheit geht vor.

Passive Religionsfreiheit

Falls Sie in einer ähnlichen Zwickmühle stecken wie die

Kollegin Nass, ist es gut für Sie zu wissen, dass die Religionsfreiheit bei deutschen Gerichten einen enorm hohen Stellenwert besitzt. Zwar dürfte man Sie bei einem Fachlehrermangel notfalls auch fachfremd einsetzen, nicht jedoch für den Religionsunterricht. Denn Sie als Lehrkraft haben, wie auch die Schüler, nicht nur eine aktive, sondern auch eine passive Religionsfreiheit. Sie dürfen nicht nur Ihre Religion in bestimmten Grenzen ausüben (Tipp 6), sondern Sie haben auch das Recht, von religiöser Beeinflussung verschont zu bleiben. Und wenn, wie in unserem Beispiel, die Weihnachtsfeier in einer Kirche stattfindet, ist dies Grund genug, davon befreit zu werden. Sogar ein einziges christliches Weihnachtslied, das auf dieser Weihnachtsfeier gesungen wird, rechtfertigt eine Befreiung.

› Tipp 6

Um die Ecke gedacht

Eine Teilnahmepflicht bzw. die Beaufsichtigung einer Schülergruppe ist nur zulässig bei einer völlig religionsfreien „Jahresendfeier", die zum Beispiel in der Mensa, der Aula oder der Turnhalle der Schule stattfindet.

8 Arbeitsmaterial gestellt bekommen

Mit Beginn des zweiten Halbjahres hat die Schulleitung den Stundenplan von Peter Sielje völlig durcheinander gewirbelt, so dass er jetzt in einer achten Klasse Erdkunde unterrichten muss. Dieser abrupte Wechsel behagt ihm überhaupt nicht. Aber was soll er machen? Die Unterrichtsverteilung ist ein Privileg der Schulleitung, weshalb sie die Kollegen dort einsetzen kann, wo sie gerade gebraucht werden.

Der Kollege ist nicht nur ungehalten darüber, jetzt Erdkunde unterrichten zu müssen, er besitzt auch kein Erdkundebuch, mit dem er den Unterricht bestreiten könnte. Als er Karl Rotte auf dieses Problem anspricht, lacht dieser laut los und sagt, so etwas habe er als Schulleitung ja noch nie gehört. Sielje solle sich gefälligst selbst das Buch kaufen. Auch die

Entgegnung des Kollegen, dass sich ein solcher Kauf für ein halbes Jahr nicht lohne, stößt auf taube Ohren. Der Kollege steht folglich vor der Frage, ob er sich wirklich für ein halbes Jahr das entsprechende Erdkundebuch kaufen muss.

Arbeitsmaterialien stellt der Dienstherr

Da diese Frage auch Sie irgendwann betreffen könnte, klären wir sie jetzt: Sie brauchen sich solche Arbeitsmaterialien nicht selber anzuschaffen, weil Sie einen Anspruch darauf haben, das Buch gestellt zu bekommen. Jahrzehntelang hat der Dienstherr immer darauf vertraut, die Lehrkräfte würden sich schon selbst die Materialien kaufen, die sie zur Durchführung ihres Unterrichts benötigen. Das sparte natürlich eine Menge Geld, war aber nicht zulässig, was jedem klar war, der nur ein wenig darüber nachdachte. Das wäre so, als würde man einen Schweißer von Thyssen auffordern, sich doch selbst ein Schweißgerät zu kaufen, damit er mit diesem **für seinen Arbeitgeber** arbeiten kann.

› Verzeichnis wichtiger Urteile, Nr. 10

Materialien zwingend erforderlich?

Inzwischen ist die Angelegenheit mehrfach gerichtlich geklärt, allerdings gibt es einige Feinheiten, die Sie beachten sollten: Erstens dürfen Sie sich das Buch nicht einfach privat kaufen und dann darauf hoffen, es würde Ihnen erstattet. Sie müssen zuerst zur Schulleitung gehen und um ein Arbeitsexemplar bitten. Zweitens gilt das Urteil nur für Unterrichtswerke, die zur Durchführung des Unterrichts **zwingend erforderlich** sind. Es gilt also nicht für Unterrichtsmaterialien, die vielleicht hilfreich und sinnvoll, aber nicht unbedingt notwendig sind. Drittens muss klar sein: Ein solches Arbeitsexemplar wird nicht Ihr Eigentum, sondern bleibt Eigentum der Schule. Das heißt, Sie dürfen darin keine persönlichen Anmerkungen machen, sondern müssen es in fast gleichem Zustand am Ende des Schuljahres wieder zurückgeben. Wenn Sie damit leben können, erspart Ihnen das langfristig eine Menge Geld.

Manchmal kann es gefährliche Folgen haben, wenn man ausgesprochen nett ist. Unsympathischen Kollegen wie Johannes Bähre drohen vermutlich keine Schwierigkeiten, hingegen tanzt Anna Nass aufgrund ihrer Freundlichkeit häufig auf dünnem Eis. Denn weil sie so nett ist, bekommt sie regelmäßig zum Schuljahresende von ihren Schülern beziehungsweise deren Eltern wertvolle Geschenke.

Zum Ende dieses Schuljahres überreicht man ihr einen Briefumschlag, in dem sich zwei Eintrittskarten zum Musical „Der König der Löwen" befinden, Gesamtwert etwa 180 €. Als sie die Karten in der Hand hält, ist sie gefühlsmäßig gespalten. Einerseits ist sie erfreut über das tolle Geschenk, andererseits plagt sie die dunkle Erinnerung, bei ihrer Verbeamtung einmal unterschrieben zu haben, als Beamtin dürfe sie so wertvolle Geschenke eigentlich gar nicht annehmen.

Keine wertvollen Geschenke annehmen

Die Kollegin hat mit ihrer vagen Erinnerung leider Recht, und auch Sie haben vermutlich etwas Vergleichbares unterschrieben, als man Sie eingestellt hat. Deshalb kann ich Ihnen nur raten: Vorsicht! Große Zurückhaltung bei Geschenken! Vielleicht haben Sie von der Kollegin aus Berlin gehört, die von ihrem Leistungskurs Biologie ein Geschenk im Wert von etwa 200 € bekam. Irgendjemand verpetzte sie später, woraufhin sie nicht nur einen negativen Eintrag in ihre Personalakte erhielt, sondern zudem noch 4 000 € aus der eigenen Tasche an eine gemeinnützige Einrichtung zahlen durfte, also 20-mal so viel, wie sie als Geschenk bekommen hatte.

Warum nun ist der Dienstherr so streng? Zunächst das Positive: Der Dienstherr unterstellt Ihnen nicht, Sie seien bestechlich. Aber, nun kommt das Negative, er möchte nicht, dass auch nur **der Anschein erweckt wird**, in Deutschland könne man bessere Noten, bessere Abschlüsse, bessere schulische Empfehlungen durch wertvolle Geschenke herauskitzeln.

Damit kommen wir zu den Regeln, die Sie nicht nur kennen, sondern auch beherzigen sollten: Bei Geschenken gibt es

Bagatellgrenze = 10 €

Oder 1 € pro Schüler

eine Bagatellgrenze, die in einigen Bundesländern bei 10 € liegt – allerdings nicht pro Schüler, sondern nur pro Lerngruppe pro Schuljahr. In anderen Ländern ist es 1 € pro Schüler. Bis zu dieser Grenze ist die Genehmigung automatisch erteilt, Sie brauchen also niemanden deswegen um Erlaubnis fragen. In den meisten Bundesländern kann die Schulleitung Geschenke bis zu einem Wert von 50 € genehmigen, darüber hinaus ist die Zustimmung des Kultusministeriums erforderlich. Einen kleinen Spielraum gibt es noch, und zwar bei Blumensträußen. Da bei ihnen der sog. „Gebrauchswert“ gering ist, wäre ein mäßiges Überschreiten der Bagatellgrenze erlaubt.

Geringer Gebrauchswert?

Achtung!

Keine Rolle spielt es übrigens, ob das Geschenk erst *nach* den Zeugniskonferenzen überreicht wird oder die Schüler nach Überreichung des Geschenks die Schule verlassen. Der Erlass gilt auch in diesen Fällen.

Ebenfalls keine Entwarnung gibt es für Angestellte: Obwohl ich die Kollegin Nass als Beamtin vorgestellt habe, gilt die Regelung über die Annahme von Geschenken analog für Angestellte.

10 Vorsicht bei Freiplätzen

Gleich zu Beginn des neuen Schuljahres macht der Kollege Sielje sich daran, für seine Schüler eine Klassenfahrt zu organisieren. Dazu kontaktiert er unterschiedliche Anbieter solcher Fahrten, die ihm kurz darauf ihre schönen Prospekte zukommen lassen. Trotz gewisser Unterschiede erhält – bei allen Anbietern – die begleitende Lehrkraft einen Freiplatz, ab einer Teilnehmerzahl von 20 Schülern. Das ist manchmal so ausgewiesen, wie ich es hier schreibe. Manchmal jedoch steht dort nur, dass es ab 20 Personen einen Freiplatz gibt, die 21. Person also nicht zahlen muss. Auch in diesem zwei-

ten Fall geht der Kollege Sielje davon aus, der angebotene Freiplatz sei natürlich für ihn als Lehrkraft vorgesehen.
Im Pausengespräch mit Anna Nass hört er allerdings, solche Freiplätze dürften nicht von der begleitenden Lehrkraft angenommen werden. Gehen wir das Ganze systematisch an: Es spielt überhaupt keine Rolle, was der Anbieter in seinem Prospekt schreibt. Selbst wenn er dort mit einem Freiplatz für die Lehrkraft wirbt, die Regelung Ihres Bundeslandes aber etwas anderes bestimmt, dann gilt natürlich die Regelung des Kultusministeriums und nicht der Werbeprospekt.

Die Erlasslage entscheidet

Der nächste Punkt betrifft eine ökonomische Überlegung: Der Anbieter solch organisierter Klassenreisen zahlt den Freiplatz ja nicht aus eigener Tasche, sondern die Schüler zahlen alle ein wenig mehr, um den Freiplatz zu finanzieren. Der Wert eines Freiplatzes (200 € ?) dürfte aber wohl deutlich über der Bagatellgrenze für Geschenke (Tipp 9) liegen. Damit ist die Annahme des Freiplatzes für die Lehrkraft selbst grundsätzlich unzulässig.

› Tipp 9

Viele Bundesländer haben in ihren Erlassen deshalb die sinngemäße Formulierung, dass freie Plätze zwar anzunehmen, aber **auf die Schüler umzulegen** sind. In einigen Bundesländern ist die Annahme von Freiplätzen durch die Lehrkraft selbst zulässig, wenn der Freiplatz im Gesamtpaket der Reiseleistungen enthalten ist und die Eltern (und die Schulleitung) zustimmen, dass die Lehrkraft den Freiplatz bekommt.

Freiplatz auf Schüler umlegen

Achtung!

Da ich an dieser Stelle keine allgemeingültige Aussage machen kann, schauen Sie bitte ganz genau in den aktuellen entsprechenden Fahrtenerlass Ihres Bundeslandes, und zwar kurz bevor Sie die entsprechende Reise buchen. Denn das Kultusministerium ändert manchmal gerne seine Erlasse, ohne dies groß anzukündigen. Das, was vorgestern noch erlaubt war, könnte also morgen schon verboten sein.

11 Profitieren Sie von der Amtshaftung

Nach den eher unangenehmen Nachrichten der letzten Tipps folgt nun zum Ausgleich etwas Beruhigendes, das ich Ihnen am Beispiel der Kollegin Nass erklären möchte: Sie unterrichtet in einem der älteren Räume, die noch nicht mit Whiteboard/Smartboard ausgestattet sind. Weil sie den Schülern etwas über einen Beamer zeigen will, holt sie eines der Geräte aus dem Lehrerzimmer, schließt es an ihren Laptop an und führt eine fulminante PowerPoint-Präsentation durch. Die Schüler sind begeistert, die Stunde ist zu Ende, Anna packt ihre Sachen in die Büchertasche und klemmt sich den Beamer unter den Arm.

Auf dem Weg zum Lehrerzimmer herrscht wie immer ein ziemliches Gedränge. Ständig muss die Kollegin hin und her hastenden Schülern ausweichen. Bei einem dieser Ausweichmanöver stolpert sie über einen am Boden liegenden Turnschuh, den wohl irgendjemand verloren hat. Um schwere Verletzungen zu vermeiden, streckt sie die Arme aus, um sich abzustützen. Dabei rutscht der Beamer unter ihrem Arm hervor, fällt auf den Boden und zerlegt sich in seine Einzelteile. Tief betrübt geht die Kollegin mit den kläglichen Überresten des Beamers zur Schulleitung und schildert den Vorfall. Aber Karl Rotte ist heute in ausgesprochen guter Laune und beruhigt sie: „Da machen Sie sich mal keine Sorgen, Frau Nass, das zahlt die Versicherung des Schulträgers oder der Dienstherr."

Dienstherr übernimmt Schäden

Anna kann es kaum glauben. Nicht nur Rotte ist heute ausnehmend nett zu ihr, sondern offensichtlich auch der Dienstherr. Genauso ist es. Im Rahmen der Amtshaftung haben Sie einen Anspruch darauf, dass der Dienstherr diesen Schaden für Sie übernimmt. Warum? Im Grundgesetz – so wichtig ist das – ist im Art. 34 festgelegt, dass der Dienstherr für Schäden bezahlt, für die seine Beamten verantwortlich sind. Eine Rückforderung (Regress) kommt nur dann in Betracht, wenn Sie vorsätzlich oder grob fahrlässig gehandelt hätten. Da dies im Beispielsfall nicht vorliegt, könnte der Schadensersatz (defekter Beamer) nicht von Ihnen zurückgefordert werden.

Manchmal wird der Weg der Schadenserstattung (für Sie) abgekürzt, indem der Schaden direkt von der Versicherung des Schulträgers bezahlt wird, die sich den Betrag dann aber vom Dienstherrn wieder erstatten lassen kann.

Nutzen Sie Ihr Ermessen aus 12

Der wenig beliebte Kollege Bähre stößt ab und zu bei der Lektüre von Gesetzestexten auf die sog. Kann-Regelung. Dort steht sinngemäß zu einzelnen Bereichen: „Im Fall A **kann** die Lehrkraft die Variante B durchführen." Mit dieser unscharfen Formulierung im Mittelteil ist der Kollege überhaupt nicht einverstanden. Denn was soll das schon heißen, die Lehrkraft „kann" dies machen? Kann sie es auch lassen? Was denn nun, ja oder nein? Bitte etwas mehr Klarheit!

Die Kann-Regelung

Bähre meint, sein Dienstherrn sei verpflichtet, jeden erdenklichen Sachverhalt präzise im Voraus zu regeln. Was der Kollege nicht weiß, Sie aber jetzt erfahren, ist Folgendes: Eine solche Kann-Regelung ist kein Versäumnis des Dienstherrn. Vielmehr wird den Lehrkräften durch diese Formulierung ein gewisser Spielraum eingeräumt, den Juristen etwas gehobener „Ermessen" nennen.

Schließlich wäre es ziemlicher Unfug, wenn der Dienstherr versuchen würde, jeden erdenklichen Einzelfall im Voraus zu regeln. Viel sinnvoller ist es hingegen, wenn man Ihnen als Lehrkraft einen Spielraum, ein Ermessen, einräumt. Denn nur dadurch ist es möglich, auf unterschiedliche Einzelfälle angemessen einzugehen. Nutzen Sie also diesen Spielraum aus, denn eigens dafür wurde er geschaffen.

Der Spielraum ist für Sie

Achtung!

Allerdings ist das Ermessen keine freie Wahlmöglichkeit, sondern Sie müssen es, wie es die Juristen nennen, **pflichtgemäß** ausüben. Das ist typischer Juristenjargon, heißt aber nichts anderes, als dass Sie für Ihre Entscheidung einen **nachvollziehbaren Grund** anführen müssen.

Nachvollziehbarer Grund erforderlich

Falls Sie also einem Schüler, der Defizite hat, mehr Hausaufgaben aufgeben, und das ist zulässig, müssen Sie dafür den Eltern (und gegebenenfalls der Schulleitung) eine nachvollziehbare Begründung nennen können. Ein möglicher Grund könnte darin liegen, dass es sich bei diesem schwachen Schüler um jemanden handelt, der zwar in hohem Maße leistungsfähig, aber ausgesprochen faul ist. Einen solchen Schüler dürfen Sie auch stärker belasten. Falls Ihnen die juristische Begründung, Ihr Ermessen pflichtgemäß ausgeübt zu haben, zu förmlich klingt, können Sie Ihre Entscheidung aber auch pädagogisch begründen, indem Sie das Ganze als „Binnendifferenzierung" qualifizieren.

13 Gerüchten wirksam begegnen

Es ist wirklich unglaublich! Bei Peter Sielje handelt es sich nicht nur um eine netten, sondern auch um einen ausgesprochen pflichtbewussten Kollegen. Wie ein Leitstern prangt er am pädagogischen Firmament unseres Kollegiums. Selbst alte Kollegen könnten sich noch eine Scheibe von seinem Pflichtbewusstsein abschneiden. Aber das Leben ist, wie jeder weiß, ungerecht. Und so kursieren an unserer Schule seit einiger Zeit die wildesten Gerüchte über Sielje. Man munkelt, er würde fast nie richtigen Unterricht abhalten, sondern ständig nur Filme im Unterricht zeigen, oft würde er seine Klasse fast eine halbe Stunde alleine lassen, um im Lehrerzimmer gemütlich einen Kaffee zu trinken und seine Klassenarbeiten würde er immer erst dann zurückgeben, wenn er die nächste Arbeit schreiben lässt. Kurz, man wirft ihm hinter vorgehaltener Hand vor, seine Dienstpflichten sträflich zu vernachlässigen.

Aus Gerüchten werden schnell Vorwürfe

Irgendwann erreichen die Gerüchte natürlich auch den Kollegen Sielje, der darüber entsetzt ist. Verzweifelt versucht er herauszufinden, wer denn der Urheber dieser bösartigen Gerüchte ist, aber vergeblich. Zwar hat er den geheimen Verdacht, der missgünstige Kollege Bähre könnte es sein, er hat aber keinen Beleg dafür und möchte niemanden zu Unrecht verdächtigen. Die Kollegen, die er anspricht, wissen auch nicht mehr (oder wollen es nicht sagen), von wem sie diese schlimmen Gerüchte gehört haben.

Bei einer Tasse Kaffee klagt er der Kollegin Nass sein Leid. Da es sich bei Anna um eine ausgesprochen handfeste Lehrkraft handelt, geht sie gleich nachmittags ins Internet, googelt ein wenig herum und stößt dort auf den eigenartigen, aber hilfreichen Begriff „Selbstreinigungsverfahren". Was verbirgt sich nun dahinter?

Das Selbstreinigungsverfahren

Falls Sie einmal in eine ähnliche Situation wie der Kollege kommen sollten, können Sie dieses Verfahren zu Ihrer Entlastung anwenden. Wie funktioniert es? Sie haben die Wahl zwischen zwei Varianten. Bei der ersten, formelleren gehen Sie zu Ihrer Schulleitung und beantragen gegen sich die Einleitung eines Disziplinarverfahrens. Daraufhin muss die Schulleitung tätig werden, sie ist verpflichtet zu ermitteln. Das Ganze mündet in einem Ergebnis, das Sie bekannt geben und mit einer strafrechtlichen Warnung ergänzen können, falls jemand die Anschuldigungen wiederholt.

Disziplinarverfahren gegen sich selbst einleiten

Die zweite, nicht so formelle Variante besteht darin, in Absprache mit der Schulleitung z. B. einen Aushang am Schwarzen Brett im Lehrerzimmer zu machen. Dort wird nicht nur der gegen Sie bestehende Vorwurf öffentlich ausgehängt, sondern die Kollegen werden aufgefordert, sich innerhalb von vier Wochen an die Schulleitung zu wenden, falls an diesem Vorwurf irgendetwas dran sein sollte. In diesem Fall sollen sie der Schulleitung etwaige Beweise für Ihr unkorrektes Verhalten vorlegen.

Wie nicht anders zu erwarten, wird es wohl niemanden geben, der fundierte Informationen liefern kann, die die Gerüchte über Sie bestätigen. Damit ist die Sache klar: Die Gerüchte gegen Sie sind haltlos, und dieses Ergebnis wird nach Ablauf der vier Wochen ebenfalls am Schwarzen Brett veröffentlicht. Allerdings mit dem warnenden Hinweis darauf, dass derjenige, der diese Gerüchte weiter verbreitet, sich der üblen Nachrede (§ 186 StGB) strafbar macht und mit rechtlichen Schritten rechnen muss.

Warnung vor Wiederholung

14 Begreifen Sie das Gleichheitsgebot

Lassen Sie uns mit einem Beispiel aus dem Strafrecht anfangen, um das gleich folgende schulische Problem zu erhellen: Wir haben zwei Männer, die man dabei erwischt hat, wie sie ein neues iPhone gestohlen haben. Bei dem einen handelt es sich um einen fast mittellosen Studenten, bei dem anderen um einen wohlhabenden Röntgenarzt. Die beiden Kandidaten stehen vor einem völlig unfähigen Richter, der in beiden Fällen eine Geldbuße von 200 € erwägt.

Der Röntgenarzt wäre selbstredend mit dieser vermeintlichen Gleichbehandlung einverstanden, Sie sind es hoffentlich nicht. Und damit sind wir bei einem weit verbreiteten Missverständnis. Viele Schüler und Eltern meinen, der Gleichheitssatz des Grundgesetzes (Art. 3 GG) würde verlangen, alles und alle über einen Kamm zu scheren. Dem ist nicht so. Das BVerfG hat dafür den schönen Satz: „Gleiches muss gleich, Ungleiches muss ungleich behandelt werden". Volkstümlich heißt das: „Nicht allen das Gleiche, sondern jedem das Seine".

Nicht allen das Gleiche, sondern jedem das Seine

Im Strafrecht werden Geldstrafen über die sog. Tagessätze geregelt. Das Gericht schaut sich an, was ein Täter durchschnittlich pro Tag verdient und danach wird die Geldbuße festgelegt. Deshalb darf ein gut verdienender Fußballspieler wie Marco Reus auch schon einmal 540 000 € zahlen, wenn er ohne Führerschein fährt.

Auf die Schule übertragen bedeutet der richtig verstandene Gleichheitssatz, dass Sie einem leistungsstarken, aber faulen Schüler, der Defizite hat, mehr Hausaufgaben aufgeben können. Einem leistungsschwachen Schüler hingegen dürfen Sie weniger Hausaufgaben aufgeben als dem Rest der Klasse. Das wird der erste Schüler nicht einsehen, das ist mir schon klar, aber zulässig ist es. Es wäre kein Verstoß gegen das Gleichheitsgebot des Grundgesetzes. Weil ich nicht voraussetzen kann, dass Sie alle Tipps hintereinander lesen und es schon aus Tipp 12 wissen, wiederhole ich: Pädagogisch können Sie eine solche Maßnahme als angewandte „Binnendifferenzierung" begründen.

› Tipp 12

Den Begriff Verwaltungsakt verstehen

15

Gleich zu Beginn der letzten Woche hat Peter Sielje eine der vorgeschriebenen Klassenarbeiten schreiben lassen. In dieser Arbeit hat Jerome-Maurice, weil er vermutlich wieder einmal nichts getan hatte, eine Fünf bekommen. Nicht nur Jerome will diese Note nicht akzeptieren, sondern seine ausgesprochen selbstbewussten Eltern gehen ebenfalls auf die Barrikaden. Sie drohen sogar damit, den Kollegen Sielje vor dem zuständigen Verwaltungsgericht zu verklagen. Die Eltern rechnen damit, dies würde Sielje dazu bringen, die Note abzuändern, aber sie haben sich getäuscht. Der Kollege lässt sich von dieser leeren Drohung nicht einschüchtern, weil er genau weiß, wann man klagen kann – und wann nicht.

Auslöser: eine Fünf in der Klassenarbeit

Auch Sie sollten wissen: Nur gegen einen Verwaltungsakt sind die starken Rechtsmittel wie Widerspruch und Klage (Anfechtungsklage) zulässig, alles was von der Bedeutung darunter liegt, schaut sich ein Verwaltungsgericht gar nicht erst an. Das ist zum einen eine Arbeitserleichterung der chronisch überlasteten Verwaltungsgerichte, zum anderen gibt es der Schule bzw. der vorgesetzten Schulbehörde einen Spielraum, der von den Gerichten nicht überprüft wird. Ist das nicht wunderbar entspannend?

Klage nur gegen Verwaltungsakt

Damit die Entscheidung einer Behörde als Verwaltungsakt klassifiziert wird, muss sie

- einen Einzelfall betreffen,
- eine Rechtswirkung nach außen haben und
- erheblich sein.

Die letzte Bedingung („erheblich“) ist freilich ein wenig schwammig, Juristen sprechen hier etwas vornehmer von einem „unbestimmten Rechtsbegriff“.

Weil wir Juristen schlichte Gemüter sind, ist die Angelegenheit für uns ganz einfach: Wenn etwas keine rechtlichen Auswirkungen hat, dann ist es natürlich unerheblich. Oder andersherum: Nur wenn etwas **rechtliche Auswirkungen** hat, ist es (juristisch) erheblich. Und eine einfache Klassenarbeit hat keine rechtlichen Konsequenzen.

Kriterium: rechtliche Auswirkung?

Anders sieht es bei einer Nichtversetzung aus, deren Konsequenz die Wiederholung des letzten Jahres ist. Sie ist ein Verwaltungsakt und kann über Widerspruch (bei der Behörde) und Klage (vor dem Verwaltungsgericht) angefochten werden. Falls Sie nicht gerade hundemüde sind, empfehle ich Ihnen weiterzulesen, denn jetzt wird es interessant.

Beschwerden richtig einordnen

16

Juristen werden dafür ausgebildet, selbst die dünnsten Haare noch zu spalten. Darum nehmen sie in wichtigen Bereichen begriffliche Unterscheidungen vor, die dem normalen Menschen entbehrlich erscheinen. Der wirft alles, was sich irgendwie ähnelt, in einen großen Topf – und hat später Schwierigkeiten, die verschiedenen Inhalte wieder zu trennen.

› Tipp 15

Um dies zu verdeutlichen, knüpfen wir an den obigen Fall des Kollegen Sielje an. Die Fünf in Jeromes Klassenarbeit ist kein Verwaltungsakt (VA), folglich können seine Eltern dagegen auch nicht vor Gericht ziehen. (Tipp 15) Wenn Sie als Lehrkraft jetzt innerlich jubeln, weil Sie meinen, die Noten, die Sie in einer Klassenarbeit vergeben, könnten nicht überprüft werden, muss ich Sie jedoch leider enttäuschen.

Um die Ecke gedacht

Es ist besteht juristisch ein großer Unterschied zwischen Widerspruch und Klage (harte Rechtsmittel) und einer Beschwerde, der milderen Vorstufe. Nein, klagen (Anfechtungsklage) kann man gegen die Note einer Klassenarbeit zwar nicht, aber man kann sich dagegen beschweren. Das ist (juristisch) etwas völlig anderes.

Beschwerde ist immer möglich

Dieses Recht, um das es gleich geht, ist das Petitionsrecht (Art. 16 GG), das auch für Sie gilt. Es besagt sinngemäß: Jeder, der meint, eine Behörde habe zu seinen Lasten eine falsche Entscheidung gefällt, kann sich dagegen beschweren.

Schüler und Eltern können sich also gegen die Fünf beschweren, die Sie einem Schüler in einer Klassenarbeit gegeben haben. Diese Beschwerde („Notenbeschwerde“) wird dann – behördenintern – überprüft. Dazu findet das statt, was Juristen eine „Abhilfeprüfung“ nennen. Konkret heißt das: Die fragliche Arbeit wird vom Schulleiter, evtl. im Beisein des Leiters der Fachschaft (Fachobmann), überprüft.

Abhilfeprüfung

Nach dieser Überprüfung gibt es zwei Möglichkeiten: Sie haben tatsächlich einen Fehler gemacht, denn auch das gibt es. Dann wird der Fehler korrigiert und der Beschwerde stattgegeben. Häufiger gibt es glücklicherweise die zweite Variante: Bei der Überprüfung stellt sich heraus, dass Sie keinen Fehler gemacht haben. In diesem Fall wird die Beschwerde zurückgewiesen, das läuft manchmal über die vorgesetzte Schulbehörde – und das war's dann! Das Verfahren ist abgeschlossen.

17 Die Soll-Regelung begreifen

Weil Juristen eigenartige Menschen sind, reden und schreiben sie in einer eigenen Sprache, die sie für Deutsch halten, die für normale Menschen jedoch schwer verständlich ist. Schließlich ist sie in einigen Punkten deutlich anders als die Umgangssprache. Trotzdem liest sich Anna Nass in einer stillen Stunde den Erlass ihres Bundeslandes durch, in dem es um die Rückgabefrist von Klassenarbeiten geht. Zwar sind die Einzelheiten in den Bundesländern etwas abweichend geregelt, aber nicht so unterschiedlich, dass hier das Grundprinzip nicht übergreifend dargestellt werden könnte. In einigen Bundesländern beträgt die Rückgabefrist für Klassenarbeiten in der Mittelstufe zwei Wochen, in anderen sind es drei Wochen. In den meisten Fällen ist jedoch die Formulierung gleich, die sinngemäß so lautet: „Klassenarbeiten sollen spätestens innerhalb von drei Wochen (zwei Wochen) zurückgegeben werden“. Dieser Satz löst bei der Kollegin Nass riesige Freude aus, die allerdings unbegründet ist. Anna

„Soll" bedeutet grundsätzlich „muss"

glaubt nämlich, diese Soll-Regelung stelle nur eine sehr schwache Bindung dar, die sie sich wie folgt vorstellt: „Wenn ich es schaffe, die Arbeit innerhalb von drei Wochen zu korrigieren, dann ist das schön. Wenn ich es aber nicht schaffe, so ist das auch nicht schlimm." Das ist leider eine falsche Auslegung. Denn die juristische Bindung einer Soll-Regelung ist deutlich stärker, als die meisten Menschen sich vorstellen. Sie bedeutet nämlich grundsätzlich „muss". Also noch einmal: Wenn Sie in einem juristischen Text ein „soll" lesen, dann bedeutet das grundsätzlich „muss", mit der kleinen Möglichkeit von **begründeten Ausnahmen**.

Begründete Ausnahmen

Was sind nun begründete Ausnahmen, damit die Kollegin oder auch Sie von dieser Rückgabefrist zeitweilig befreit werden? Es sind dies die eigene Krankheit, Krankheit des Kindes, der Tod des Ehepartners oder das Abbrennen des eigenen Hauses – nicht aber eine Klassenfahrt. Warum erwähne ich nun ausgerechnet die Klassenfahrt als nicht zutreffende Ausnahme? Ganz einfach, weil ich Ihnen das Grundprinzip verdeutlichen möchte. Denn durch die Klassenfahrt wird das entscheidende Kriterium deutlich: Es ist die Vorhersehbarkeit. Manche Ereignisse tauchen unvorhersehbar auf und sind so gravierend, dass Sie sich sofort mit ihnen befassen müssen. Solche Vorkommnisse stellen zweifelsfrei begründete Ausnahmen dar. Eine Klassenfahrt ist, sofern Sie nicht überraschend für einen anderen Kollegen einspringen müssen, in hohem Maße vorhersehbar und ist deshalb leider keine Begründung dafür, eine Klassenarbeit deutlich verspätet zurückzugeben.

Ereignis vorhersehbar?

Um die Ecke gedacht

Dies gilt aber nur dann, wenn Sie die Termine Ihrer Klassenarbeiten frei wählen können. Anders ist es, wenn Sie z.B. in der Oberstufe in einer Woche drei terminlich vorgegebene Klausuren schreiben lassen müssen und gleich darauf der ebenfalls vorgegebene Termin Ihrer Kursfahrt liegt.

Beurteilungsspielraum ausnutzen

18

Als pädagogisches Multitalent unterrichtet Peter Sielje auch Englisch. Das Schuljahr neigt sich dem Ende entgegen und Sielje zählt die Noten seiner Schüler zusammen. Und wenn er die schriftlichen und die mündlichen Noten von Jerome-Maurice zusammenrechnet, kommt er auf einen Schnitt von 4,3. Allerdings hat Jerome mehrfach seine Hausaufgaben nicht gemacht (nicht einmal verspätet) und ein obligatorisches Referat nicht gehalten. Deshalb entscheidet sich Sielje, aus der 4,3 eine 4,6 zu machen, die auf dem Zeugnis folglich zu einer Fünf wird. Es kommen weitere Fünfen bei anderen Kollegen hinzu und Jerome bleibt sitzen (Verwaltungsakt). Die Eltern klagen dagegen und wenden sich vor allem gegen die Fünf in Englisch. Die Sache geht vor das zuständige Verwaltungsgericht und dieses stellt – wenig überraschend – wieder einmal fest: Die Fünf in Englisch ist durchaus gerechtfertigt, wenn das „Beiblatt" des Schülers so schwach ist, wie hier geschildert.

Aufrunden von Noten

Damit kommen wir zum sog. Beurteilungsspielraum, den Sie vermutlich unter der weit verbreiteten Formulierung kennen: „Die Notenfindung ist kein rein mathematischer Prozess, sondern pädagogische Überlegungen und Prognoseentscheidungen fließen hier ebenso mit ein."

Da ich Ihnen trotz der Kürze der Tipps ein wenig Hintergrundwissen vermitteln möchte, schildere ich Ihnen kurz das erste Urteil, in dem der Beurteilungsspielraum begründet wurde: An einer deutschen Universität (Studiengang Jura) rasselte ein Student durch die mündliche Prüfung. Das kann passieren. Aber da er ein cleverer Jurastudent war, klagte er dagegen, schließlich hatte er ja nichts zu verlieren. Das Verwaltungsgericht, das diesen Fall entschied, machte deutlich, dass es zwar den formalen Rahmen der Prüfung (Einhalten der Prüfungszeit) überprüfen, nicht aber inhaltlich in die Prüfung hineingehen würde. Es sah sich außer Stande, im Nachhinein, quasi von außen, zu überprüfen, ob das Prüfungsgespräch korrekt abgelaufen sei. Selbst bei einem gründlich geführten Protokoll sei das nicht möglich.

› Verzeichnis wichtiger Urteile, Nr. 2

An dieser Stelle brach das Gericht die Überprüfung ab und stellte klar: Eine inhaltliche Überprüfung ist gar nicht notwendig, weil nämlich die Prüfer einen Beurteilungsspielraum besitzen.

Vertrauensvorschuss für Sie

Dieser Vertrauensvorschuss, der unter dem juristischen Namen „Beurteilungsspielraum" einen Ehrenplatz im Schulrecht erhielt, wird den Prüfern und damit auch Ihnen aus folgenden Gründen eingeräumt:

Aber nicht geschenkt

1. Diejenigen, die bewerten, haben das Fach studiert und
2. sie haben es auch erfolgreich abgeschlossen.
3. Sie haben mehrjährige Unterrichts- und Prüfungserfahrung,
4. haben Vergleichsmöglichkeiten zu anderen Kandidaten und
5. haben sich im Bereich des Prüfungsrechts noch nie etwas zu Schulden kommen lassen.

Dieser Beurteilungsspielraum, dieser Vertrauensvorschuss, gilt inzwischen für jeden, der andere in staatlichen Ausbildungseinrichtungen bewertet. Dabei ist es mir wichtig, dass Sie wissen: Dieser Vertrauensvorschuss wird Ihnen nicht einfach so geschenkt. Vielmehr gibt es fünf gute Gründe dafür, Ihrer Bewertung zu vertrauen.

19 HAUSAUFGABEN BEWERTEN

› Tipp 18
› Tipp 20

Nachmittags sitzt Anna Nass im Café mit einigen anderen Kolleginnen zusammen. Man plaudert über dies und das, und wie es der Zufall will, kommt das Gespräch auf die Hausaufgaben. Die Kolleginnen berichten stolz, wie knackig sie mit ihren Schülern umgehen, indem sie ihnen reihenweise schlechte Noten für fehlerhafte Hausaufgaben geben. Anna ist leicht verunsichert, weil sie meint, irgendwo gehört zu haben, man dürfe Hausaufgaben nicht benoten. Da sie jedoch nicht als unwissend dastehen möchte, hält sie sich mit ihrer Meinung zunächst zurück und fragt am nächsten

Schultag Peter Sielje, der sie in ihrer Auffassung bestätigt und ihr den Sachverhalt erklärt: Hausaufgaben dürfen nicht benotet werden. Das ist hoffentlich einsichtig, denn Hausaufgaben (Deswegen heißen sie ja so!) sollen zu Hause angefertigt werden. Dort jedoch kann die Unterstützung ganz unterschiedlich sein. In dem einen Hause könnten wir den kleinen Lukas haben, dessen Mutter genau die Fächer unterrichtet, die auch Sie unterrichten. Dass die Hausaufgaben von Lukas immer richtig sind, ist doch klar, ohne dass man dies alleine dem Jungen zurechnen könnte. Daneben haben wir aber ebenfalls Jerome-Maurice, unser armes Schwein, um den sich zu Hause niemand kümmert. Seine Hausaufgaben sind regelmäßig fehlerhaft, das ist doch klar, ohne dass man dies allein dem armen Kerl anlasten könnte.

Hausaufgaben nicht benoten

Wer jetzt die eine Hausaufgabe mit einer Eins, die andere dagegen mit einer Fünf benotet, der vergleicht Äpfel mit Birnen. Und das geht nicht. Etwas anderes ist jedoch zulässig, und das sollten Sie wissen: Sie dürfen nämlich **Umfang und Sorgfalt** der Hausaufgaben in Ihre Note miteinbeziehen, weil diese beiden Punkte unabhängig von der Unterstützung im Elternhaus sind. Machen wir es konkret: Der Aufsatz von Chantal, der Ihnen als Hausaufgabe vorliegt, geht zwar inhaltlich voll am Thema vorbei. Aber das Mädchen hat sieben Seiten geschrieben, eine unglaubliche Arbeit steckt darin. Selbstverständlich dürfen Sie das in die Note mit einbeziehen. Was bei positiven Abweichungen gilt, gilt auch bei negativen. Sie dürfen also auch unterdurchschnittlich knappe oder ausgesprochen unsorgfältige Hausaufgaben in die Note Ihres Faches mit einbeziehen.

Umfang und Sorgfalt von Hausaufgaben bewerten

Gleich mal ausprobieren

Falls Schüler mit der beliebten Ausrede: „Ich konnte das nicht!" zu Ihnen kommen, können Sie das wie folgt aushebeln: Sagen Sie den Schülern: „Falls diese Hausaufgabe für euch zu schwierig ist, dann schreibt die entsprechenden Seiten zu diesem Thema aus dem Lehrbuch ab." Stellen Sie also eine (mindestens genauso umfangreiche) Ersatzaufgabe, die jeder lösen kann.

„Ich konnte das nicht!"

20 Fehlende Hausaufgaben bewerten

Der Kollege Johannes Bähre ist ein ausgesprochen knackiger Lehrer, leider aber häufig an der falschen Stelle. Viele seiner Entscheidungen zeichnen sich durch drei Eigenschaften aus: schnell, laut – und falsch. Manche Schüler haben zwar Zweifel an seinen Entscheidungen, trauen sich aber nicht, etwas zu entgegnen. Deswegen klären wir an dieser Stelle, was der Kollege Bähre darf und was nicht.

Leistungsverweigerung?

Immer wieder schleudert der Kollege einem Schüler, der seine Hausaufgaben nicht dabei hat, entgegen: „Ha! Du hast deine Hausaufgabe nicht? Das ist eine Leistungsverweigerung, und dafür gibt es eine Sechs!" So schnell geht das leider nicht. Würde ein Schüler sagen, „Herr Bähre, Sie glauben doch nicht, dass ich Ihre dämliche Hausaufgabe mache!", wäre das eine eindeutige Leistungsverweigerung, für die Bähre eine Sechs geben könnte.

Aber so bequem ist das Leben leider nicht. Zwar denkt der Schüler den Satz von oben, sagt aber: „Ich hab' meine Hausaufgaben vergessen." Damit behauptet er, er habe seine Hausaufgabe gemacht, sei also durchaus leistungsbereit, habe sie aber rein zufällig nicht dabei. In der nächsten Stunde hat der besagte Schüler seine Hausaufgabe allerdings wieder „vergessen" und auch zum dritten Termin kann er sie nicht vorlegen, weil er sie angeblich wieder „vergessen" hat.

Mehrfaches Vergessen wird zur Leistungsverweigerung

Nun wird es für Sie interessant, weil das Ganze jetzt umschlägt. Jetzt dürfen Sie nämlich eine Leistungsverweigerung unterstellen. Wir befinden uns mittlerweile in der vierten Stunde, und der Schüler hat wieder seine Hausaufgabe „vergessen". Welch ein Zufall! Dann dürfen Sie nach allgemeiner Lebenserfahrung davon ausgehen, dass nun kein Vergessen mehr, sondern eine Leistungsverweigerung vorliegt. Diese Einschätzung sollten Sie dem Schüler mitteilen und ihm zeigen, wie Sie in Ihr Notenbuch eine Sechs für diese Leistungsverweigerung eintragen. Sollte der Schüler Ihnen jedoch in der nächsten Stunde endlich die geforderte Hausaufgabe vorlegen, müssten Sie die Sechs wieder wegnehmen, weil er ja die Leistung erbracht hat. Allerdings dürfen Sie sich

notieren, dass er sie deutlich verspätet abgegeben hat – und das darf auch in die Gesamtnote miteinfließen.
Falls der Schüler jedoch beratungsresistent bleibt, dann darf die Sechs für die Leistungsverweigerung in Ihrer Notenliste stehen bleiben und in die Endnote eingehen. Denn jetzt ist das Ganze rechtlich abgesichert.

Schülerfragen bei Arbeiten begrenzen 21

Unsere junge, nette Kollegin Anna Nass ist viel zu gut für diese Welt. Das wissen auch die Schüler. Sobald die Aufgabenstellung der Klassenarbeit verteilt worden ist und die Schüler sie überflogen haben, geht es los. Ein Gewitter von Fragen schlägt auf die sympathische Kollegin ein. Mit nur kleinen Pausen dazwischen tönt es fast ununterbrochen: „Ich hab' da mal 'ne Frage. Frau Nass, ich habe hier noch eine Frage, ich hab' eine ganz wichtige Frage!" Die Kollegin beantwortet diese Fragen anfangs noch mit großer Gelassenheit, dann jedoch wird sie immer ungeduldiger und hofft, der Strom der Fragen würde verebben. Schließlich würden sich die meisten Fragen erübrigen, wenn die Schüler die Aufgabenstellung gründlich lesen würden. Das tun sie nicht, sondern sie leben nach dem Grundsatz „Lieber dreimal nachgefragt, als einmal gründlich nachgedacht."

Gleich mal ausprobieren

Günstig ist es, eine gewisse Zeit nur für das Durchlesen vorzusehen. Erst danach gibt es die Gelegenheit, Fragen zu stellen. Das verhindert vorschnelle, überflüssige Fragen.

Da die Kollegin den obigen Kasten nicht kennt, gibt es von Anfang an entbehrliche Fragen, die nicht abreißen. Irgendwann reicht es der sonst so geduldigen Kollegin und sie ruft entnervt in die Klasse: „Schluss! Ab jetzt beantworte ich keine weiteren Fragen mehr!" Die Schüler sind enttäuscht, vor allem diejenigen, die bis jetzt noch keine Frage gestellt

haben und nun also nicht mehr zum Zuge kommen. Unter ihnen ist Chantal, die sich lautstark beschwert: „Das ist unfair! Den anderen haben Sie geholfen und ihre Frage beantwortet, und wir gehen leer aus."
Damit haben wir mit Chantals Hilfe des Pudels Kern getroffen. Man mag ja von ihr halten, was man will, aber dumm ist sie nicht. Das Mädchen hat Recht, denn zweifelsfrei ist das Beantworten von Fragen eine Hilfe, deshalb wählen die Schüler ja diesen Weg.

Achtung!

Bei Abschlussarbeiten gilt grundsätzlich: Für Schüler ist es unzulässig, Fragen zur Aufgabenstellung zu stellen. Und Lehrkräften ist es verboten, diese zu beantworten.

Falls Sie in einer normalen Klassenarbeit Fragen von Schülern beantworten wollen, dann ist das zulässig, weil es nicht verboten ist. Aber Sie dürfen bzw. sollten es nicht so ungeschickt machen wie die Kollegin Nass. Sie dürfen nicht zuerst die Fragen von Schülern beantworten und irgendwann – unberechenbar – damit aufhören. Denn dadurch würden einige Schüler tatsächlich benachteiligt, vielleicht gerade diejenigen, die erst einmal gründlich die Aufgabenstellung lesen. Weil diese Schüler aber nicht ahnen können, wann Ihre Geduld zu Ende ist, würden ihre Fragen nicht beantwortet werden.

Nicht willkürlich aufhören

Es geht – allerdings nicht in Abschlussarbeiten – mit einem Zeitlimit, das Sie den Schülern **zu Beginn** der Arbeit bekannt geben. Sie könnten folglich Ihren Schülern sagen: „Also Leute, ihr habt alle in den ersten 15 Min. die Gelegenheit, Fragen zur Aufgabenstellung zu stellen." Diese Fragen werden im Plenum laut gestellt und ebenso laut von Ihnen beantwortet – und danach ist Schluss.

Zeitlimit setzen

Hier dürfen Sie Noten verschlechtern

22

Anders als normale Arbeitnehmer verbringt Peter Sielje sein Wochenende wieder einmal damit, Klassenarbeiten zu korrigieren. Darunter ist auch die Arbeit von Jacqueline, die er mit einer Drei bewertet hat. In der nächsten Unterrichtsstunde gibt der Kollege die Arbeit zurück und Jacqueline freut sich wie eine Schneekönigin, weil sie mit einem solchen Ergebnis wirklich nicht gerechnet hat.

Die überschäumende Freude des Mädchens bringt Sielje dazu, sich zu Hause noch einmal seine Unterlagen der Klassenarbeit anzusehen. Und tatsächlich, es muss wohl an den späten Abendstunden des Sonntags gelegen haben, hat er sich bei Jacqueline beim Zusammenzählen der Punkte verrechnet. Die Arbeit entspricht nämlich gar keiner Drei, sondern ist tatsächlich eine Vier. Daraufhin geht er in der nächsten Stunde zu Jacqueline, erklärt ihr, sich verrechnet zu haben und ändert ihre Note in eine Vier.

Sie haben sich verrechnet?

Wenn Sie meinen, die Welt sei ungerecht, dann haben Sie zweifelsohne Recht. Allerdings gilt das nicht für Jacqueline, denn sie bekommt jetzt die Note, die ihrer Leistung objektiv entspricht.

Viele Kollegen meinen, man dürfe in diesem Fall die Note nicht verschlechtern. Doch, das dürfen Sie, und zwar aus folgendem Grund: Sie sind Teil der öffentlichen Verwaltung und dafür zuständig, die Schüler objektiv zu bewerten. Und dabei wird sogar Ihnen als sorgfältig arbeitender Lehrkraft einmal ein Fehler unterlaufen, das ist nur menschlich. Aber wenn *Sie selbst* – und das ist wichtig – einen Irrtum bemerken, dann dürfen Sie den doch korrigieren. Das wäre ja noch schöner, wenn Sie einen selbst erkannten Fehler nicht korrigieren dürften!

Eigene Fehler korrigieren

Falls Sie mit diesem Ergebnis und seiner Begründung immer noch nicht zufrieden sind, sollten Sie dranbleiben und auch den nächsten Tipp lesen. Denn dort geht es um eine etwas andere Variante der Frage, ob man eine Note verschlechtern darf. Also, gleich kommt die Fortsetzung.

› Tipp 23

HIER JEDOCH BESSER NICHT

23

Wir nähern uns der zweiten Variante, die allerdings in einem entscheidenden Punkt anders ist. Wir sind (aus didaktischen Gründen) immer noch im Unterricht des Kollegen Sielje, der gerade die besagte Klassenarbeit zurückgegeben hat. Unweit von Jacqueline sitzt Charlotte, die wie so oft eine Zwei hat und jetzt mit dem Heft wedelnd auf Sielje zuläuft und dabei aufgeregt ruft: „Herr Sielje, Sie haben bei mir ein paar Fehler übersehen!" Der Kollege schaut sich Charlottes Arbeit an und muss feststellen, dass er schon wieder ein paar Fehler übersehen hat. Offensichtlich ist das Korrigieren zu später Stunde etwas, das Fehler begünstigt. Der Kollege überschlägt grob das Ausmaß der übersehenen Fehler und ahnt, dass mit ihnen aus der Zwei eine Drei werden würde. Trotzdem entscheidet Sielje: „Charlotte, es bleibt bei der Zwei."

› Tipp 22

Jacqueline, die das Ganze gespannt verfolgt hat, rastet daraufhin aus, weil sie es als höchst ungerecht empfindet, dass Sielje bei ihr die Note natürlich verschlechtert hat (Tipp 22), nicht aber bei Charlotte, dieser blöden Streberin.

Um das unterschiedliche Vorgehen zu erklären, kommt hier die 1 000 000 €-Frage an Sie: Warum ändert der Kollege Sielje im vorigen Tipp die Note, nicht aber in diesem? Wo liegt der entscheidende Unterschied? Vermutlich haben Sie es durchschaut: Im ersten Fall hat die Lehrkraft **selbst** den Fehler bemerkt und korrigiert. Im zweiten Fall jedoch war die Schülerin so ehrlich und hat den Kollegen auf übersehene Fehler hingewiesen.

Ehrlichkeit nicht bestrafen

Wir alle wissen, was passieren würde, wenn ein Kollege auch in diesem Fall die Note verschlechtern würde: Nicht nur Charlotte käme nie wieder, es würde auch sonst niemand mehr kommen und übersehene Fehler anzeigen. Wenn Sie so handeln, zerschlagen Sie mehr pädagogisches Porzellan, als Sie bis zu Ihrer Pensionierung kitten können. Machen Sie deshalb von Ihrem Ermessen Gebrauch (Nachvollziehbarer Grund!) und entscheiden Sie für sich: Die Ehrlichkeit ist ein so wichtiges Erziehungsziel, dass sie nicht mit einer Verschlechterung der Note „bestraft" werden sollte.

Noten von Tests richtig zuordnen

24

Es ist Freitagmorgen, und die Kollegin Nass lässt, bevor es ins ersehnte Wochenende geht, wieder einmal einen ihrer „beliebten" Erdkundetests schreiben. Diesmal handelt es sich um eine sog. „stumme Karte" von Deutschland. Auf dem DIN A4 Blatt sind die Umrisse der Bundesrepublik zu sehen, darin verteilt die Zahlen 1–16, die jeweils die Landeshauptstädte der einzelnen Bundesländer markieren. Die Schüler sollen hinter die Ziffern, die auch rechts am Rande aufgelistet sind, die Namen der jeweiligen Städte schreiben.
Am Wochenende geht die Kollegin der Standardbeschäftigung aller Lehrkräfte nach und korrigiert die Tests, die ziemlich schwach ausgefallen sind. Aber nicht das beunruhigt die Kollegin, sondern es ist ein juristisches Problem, welches sie schon lange quält und das sie gelöst sehen möchte. Es geht um die juristisch interessante, aber gar nicht so einfache Frage, wo eigentlich solche Tests, Juristen nennen sie „kurze schriftliche Lernkontrollen", eingeordnet werden. Dürfen sie überhaupt benotet werden oder sind es nur Selbstkontrollen für die Schüler? Sind es, weil die Schüler die Antworten niederschreiben, schriftliche Arbeiten, die darum in die schriftliche Note gehören? Oder soll die Benotung bzw. die Bewertung in die *mündliche* Note gehen? Warum eigentlich? Denn bei solchen Tests wird doch geschrieben. Oder nicht?
Es spricht für die Hartnäckigkeit von Anna Nass, dass sie sich mit diesen kniffligen Fragen auseinandersetzt und dabei nicht locker lässt. Deshalb soll sie als Belohnung auch eine fundierte Antwort auf ihre berechtigten Fragen bekommen.
Natürlich werden bei solchen Tests, z. B. auch bei einem Vokabeltest in Englisch, einige Wörter geschrieben. Deshalb sind es aber noch nicht (im juristischen Sinne) „schriftliche Arbeiten".

Tests sind keine schriftlichen Arbeiten

Um dies zu verdeutlichen, sei eine rhetorische Frage gestellt. Welche Funktion hat eigentlich ein solcher Test, der gerade vor Jerome-Maurice liegt? Es dient dem Abfragen eines kleinen Wissensbereichs, ist also so etwas wie das mündliche Abfragen *eines* Schülers (in schriftlicher Form). Sie könnten natürlich einen Schüler an die Tafel holen, ihm dort zehn deutsche Wörter nennen und er müsste die englische Entsprechung an die Tafel schreiben. Dann käme der nächste Schüler nach vorne, dann der übernächste und so weiter. Sie könnten auch eine stumme Karte an die Tafel zeichnen und ein Schüler müsste dort vier Landeshauptstädte eintragen. Dann käme der nächste, dann der übernächste und dann der letzte, weil es nicht mehr als 16 Landeshauptstädte gibt. Diese Möglichkeit ist also begrenzt.

Um die Ecke gedacht

Tests in die mündliche Note

› Verzeichnis wichtiger Urteile, Nr. 3

Das Schreiben eines Tests entspricht damit eigentlich einem mündlichen Abfragen. Dies hat vor einiger Zeit das VG Braunschweig (Verzeichnis wichtiger Urteile, Nr. 3) sehr klar herausgestellt. Aber dadurch, dass alle Schüler der Klasse diesen Test schreiben, können Sie als Lehrkraft alle Schüler zugleich abfragen.

Das Abfragen durch einen Test ist somit viel effektiver, weil in geringer Zeit bei allen Schülern dieser begrenzte Wissensbereich (Englischvokabeln, stumme Karte) abgefragt werden kann. Und weil es einem mündlichen Abfragen gleichkommt, werden diese Tests in die mündliche Note eingerechnet.

25 Keine Handys als Schummelzettel

Pausenlos werden Klassenarbeiten geschrieben. Das bleibt nicht aus, denn in den Tipps 17 bis 30 geht es um die Leistungsbewertung. Folglich steht in Peter Sieljes Klasse wieder einmal eine Klassenarbeit an, bei der Sielje allerdings etwaige Täuschungsversuche so weit wie möglich eindämmen möchte. Selbstredend verfügen alle seine Schüler über ein Smartphone, mit dem man schnell ins Internet kann, um dort hilfreiche Informationen abzurufen.

Welche Möglichkeit hat der Kollege nun, damit die Schüler während eines Toilettenganges nicht ins Internet huschen und sich dort die fehlenden Informationen für die Klassenarbeit holen?

Was Sielje und damit auch Sie dürfen, ist Folgendes: Sie können Schüler auffordern, ihr Handy vor der Klassenarbeit bei Ihnen abzugeben, um etwaige Täuschungsversuche zu unterbinden. Das hört sich zunächst ganz gut an, bei genauerer Überlegung reduziert sich jedoch die erhoffte Wirkung. Denn Sie müssen sich darüber im Klaren sein, dass die Schüler nicht unbedingt ihr neuestes Handy bei Ihnen abgeben. Sie werden ihr ausgemustertes Dritthandy abgeben und das aktuelle mit auf die Toilette nehmen.

Einsammeln von Handys

Achtung!

Das nächste Problem besteht darin, dass **Sie** für die sichere Aufbewahrung der Handys verantwortlich sind. Sie müssen also genau wissen, wer welches Handy abgegeben hat. Anderenfalls könnte es Ihnen passieren, dass Jerome sich das deutlich modernere und teurere iPhone von Sascha vom Tisch nimmt und am Ende für den Letzten, der seine Arbeit abgibt (Lukas), nur noch ein altes Dritthandy übrig bleibt.

Sie müssen Schülerhandys sicher verwahren

Ich kann nicht einschätzen, ob die im Achtung-Kästchen beschriebene Gefahr an Ihrer Schule ebenfalls droht, kann aber berichten, dass es an anderen Schulen bereits derartige Fälle gab, wodurch die entsprechenden Kollegen in erhebliche Schwierigkeiten gerieten.

Um solche „Verwechslungen" auszuschließen, müssten Sie nicht nur eine Liste anlegen, auf der genau vermerkt ist, wer welches Handy abgegeben hat, sondern Sie müssten die Handys auch anhand dieser Liste wieder zurückgeben

Fazit: Rechtlich dürfen Sie die Abgabe von Handys verlangen, aber Sie sollten sich nicht allzu viel davon versprechen, und Sie müssen das Ganze zudem sehr gut organisieren.

Profitieren Sie vom Anscheinsbeweis

26 › Tipp 27

Wie es der Zufall will, lässt auch die Kollegin Nass in ihrer Klasse eine Arbeit schreiben. Da aufgrund von längst überfälligen Renovierungen der eigentliche Klassenraum für ein paar Wochen gesperrt ist, muss sie in einen anderen Raum ausweichen. Weil die Tische hier anders angeordnet sind (aber nicht nur deshalb), suchen sich die Schüler andere Plätze als in ihrem Klassenraum. Während die Schüler gemäß dem Sprichwort „Gleich und gleich gesellt sich gern" sitzen, gibt es hier eine stärker gemischte Sitzordnung. So sitzt die eher leistungsschwache Chantal jetzt neben der leistungsstarken Charlotte, was die Kollegin zwar belustigt zur Kenntnis nimmt, aber nicht verbietet.

Guter und schwacher Schüler nebeneinander?

Die Arbeit wird ohne besondere Vorkommnisse geschrieben, die Kollegin sammelt die Hefte ein und geht nach Hause. Sie isst ein leckeres Nudelgericht, trinkt dazu ein Gläschen Chianti classico und gönnt sich, Lehrkräfte können das nachvollziehen, ein kleines Mittagspäuschen. Danach gibt es einen Espresso und Anna widmet sich der Klassenarbeit.

Sie fängt mit der Arbeit von Chantal an und ist begeistert. Das Mädchen hat offensichtlich richtig intensiv geübt, eine so gute Arbeit hat sie von ihr wirklich nicht erwartet. Anschließend nimmt sie sich die Arbeit von Charlotte vor – und wird stutzig. Was ist denn das? In vielen Bereichen finden sich wörtliche oder fast wortgleiche Formulierungen, dazu Fehler an genau den gleichen Stellen. Die Kollegin kommt zu der Überzeugung, dass Chantal offensichtlich von Charlotte abgeschrieben hat. Allerdings hat Anna Nass ein Problem: Sie hat während der Klassenarbeit nichts bemerkt.

Etliche Kollegen meinen, nun sei es zu spät, nun könne man nichts mehr machen, weil man den Täuschungsversuch nicht beobachtet habe. Sie aber werden gleich erfahren, warum man selbst jetzt noch einen Täuschungsversuch annehmen kann und wie dies juristisch begründet wird. Das Zauberwort, von dem Sie profitieren, lautet **„Anscheinsbeweis"**. Umgangssprachlich formuliert besagt er: Man darf etwas annehmen, wenn es der normalen Lebenserfahrung

Lösung über den Anscheinsbeweis

entspricht. So wurde vor Kurzem bei einem Unfall in einem Kreisverkehr entschieden, dass nach dem Anscheinsbeweis derjenige Schuld hat, der in den Kreisverkehr *hineinfährt.* Nun kommt die Übertragung auf unser Beispiel, das Ihnen ja ebenfalls passieren könnte. Wenn es für das extrem hohe Maß an Übereinstimmung keine vernünftige Erklärung gibt, zum Beispiel gemeinsames Lernen, dann dürfen Sie davon ausgehen, dass die schwächere Schülerin von der besseren abgeschrieben hat. Dieser Anscheinsbeweis wird von deutschen Gerichten täglich angewandt, er ist völlig unbestritten. Er hat sich nur noch nicht bis zu den Schulen herumgesprochen, aber das haben wir jetzt ja geändert.

Vorsicht beim Abschreibenlassen

27

› Tipp 26

Wir könnten an den vorigen Fall (Tipp 26) anknüpfen, wollen diesen Tipp aber gesondert angehen. Es geht also noch einmal um den Täuschungsversuch. Eine Schülerin (Chantal) hat von einer anderen Schülern (Charlotte) abgeschrieben, wobei es in diesem Beispiel völlig unerheblich ist, wie gut oder schwach die beiden Schülerinnen sind. Aber im Regelfall ist es meist so, dass eine schwache von einer guten Schülerin abschreibt und nicht umgekehrt. Die Kollegin Nass ist folglich vom Täuschungsversuch überzeugt, denn es gibt überzeugende Indizien, die sie den Schülerinnen vorhält. Jetzt kommt der Unterschied zum vorigen Tipp. Beide Schülerinnen sind sofort geständig: Chantal gesteht, abgeschrieben zu haben und Charlotte gibt zu, dass sie ihre Mitschülerin hat abschreiben lassen. Die Kollegin Nass möchte ein Zeichen setzen und den beiden Schülerinnen sowie den Mitschülern klarmachen, dass sie Täuschungsversuche unnachgiebig ahndet. Sie beschließt folglich, beiden Schülerinnen eine Sechs zu geben. Weil sie sich jedoch nicht ganz sicher ist, geht sie zu Karl Rotte, ihrem Schulleiter, um nachzufragen, ob er diese Maßnahme bei einer Beschwerde der Eltern decken würde.

Es ist weniger die Angst vor einer Beschwerde, die Rotte hier zusammenzucken lässt, als vielmehr die Sechs für Charlotte, die in der Tat rechtlich nicht haltbar ist.

Ich hoffe, wir können uns darauf einigen, dass eine Sechs für einen Täuschungsversuch immer dann vertretbar ist, wenn eine Schülerin eine Leistung als eigene vorgespiegelt, *die sie aber nicht selbst erbracht hat*. Das ist bei Chantal der Fall, nicht aber bei Charlotte. Sie hat nämlich ihre Leistung selbst erbracht, und diese Leistung (und die Note dafür) können Sie ihr nicht wegnehmen. Wenn also ihre Leistung einer Zwei entspricht, dann hat sie Anspruch auf diese Note.

Leistung selbst erbracht?

Falls Sie damit unzufrieden sind, kann ich das durchaus nachvollziehen. Aber die Angelegenheit soll damit ja noch nicht erledigt sein. Was Sie selbstverständlich tun dürfen (und auch sollten), ist Folgendes: Sie können gegen Charlotte eine **Erziehungsmaßnahme** verhängen, um ihr nachdrücklich deutlich zu machen, dass es nicht in Ordnung ist, einer Mitschülerin beim Betrug zu helfen.

Erziehungsmaßnahme möglich

Achtung!

Für wichtige Abschlussprüfungen können in den Prüfungsbestimmungen strengere Bedingungen gelten, nach denen bereits das *Unterstützen* eines Täuschungsversuchs mit der Aberkennung der eigenen Leistung bestraft werden kann.

28 Stumpfes Auswendiglernen aushebeln

Schon wieder eine Klassenarbeit, diesmal bei Peter Sielje. Er hat im Unterricht eine Lektüre gelesen und besprochen (Schillers „Räuber“) und möchte nun das Ganze mit einer Klassenarbeit krönen. Seine Aufgabenstellung fordert im ersten Teil eine Inhaltsangabe („Gib den Inhalt des ersten Aufzugs wieder.“). Die anderen Teile umfassen Analyse und Interpretation. Am Wochenende geht er gleich nach dem Frühstück an die Korrektur der Arbeiten und fängt mit der

Arbeit von Jerome-Maurice an. Die Inhaltsangabe ist erstaunlich gut. Sie gibt präzise nur das Wesentliche wieder und liegt sprachlich deutlich über dem, was Schüler dieser Altersstufe leisten können.
Ein Täuschungsversuch, den Sie hier vielleicht vermuten, liegt ausnahmsweise nicht vor, denn Jerome saß nicht nur an einem Einzeltisch direkt vor dem Kollegen Sielje, er hat auch während der gesamten Zeit den Raum nicht verlassen. Sielje ist misstrauisch und stöbert in den schülerfreundlichen Seiten des Internets. Bereits nach kurzer Zeit findet er dort eine schöne Inhaltsangabe von Schillers „Räuber", die fast wortwörtlich dem entspricht, was Jerome bei ihm abgeliefert hat. Der Kollege trifft noch keine Entscheidung, sondern spricht in der nächsten Stunde Jerome auf diesen Sachverhalt an. Dieser erklärt ihm offenherzig, er habe vermutet, dass eine Inhaltsangabe des 1. Aktes gefordert werde, also habe er diesen Teil der Inhaltsangabe auswendig gelernt. Und das sei doch wohl nicht verboten, oder?

Lösung auswendig gelernt?

Mit dieser Antwort im Kopf geht Sielje nach Hause und fängt an zu grübeln. Wenn das Lernen irgendwelcher Sachverhalte nicht nur zulässig, sondern von der Schule sogar gewünscht ist, was spricht dann eigentlich gegen das Auswendiglernen der Inhaltsangabe? Andererseits ist das Herunterschreiben von stumpf auswendig Gelerntem natürlich keine eigene Leistung. Aber ist es tatsächlich ein Täuschungsversuch, den er mit einer Sechs bestrafen kann?
Eine Sechs ist in diesem Fall tatsächlich nicht zulässig, weil der Kollege in der Aufgabenstellung einen kleinen, aber folgenschweren Formulierungsfehler gemacht hat. Er hat nämlich nur vorgegeben: „Schreibe eine Inhaltsangabe!" Das hat der Schüler gemacht. Was also will oder kann man ihm vorwerfen? Nichts.

SOS-Tipp

Sie jedoch können sich ein solches Dilemma ersparen, indem Sie präziser formulieren. Sobald Ihr Arbeitsauftrag nämlich lautet: „Verfasse **in eigenen Worten** eine ...!", sieht die Sache schon ganz anders aus. Wer jetzt nur auswendig Gelerntes niederschreibt, der erfüllt nicht Ihren Arbeitsauftrag. Diesen Teil der Aufgabenstellung könnten Sie folglich mit einer Sechs bzw. null Punkten bewerten. Um diese negative Folge zu vermeiden, müsste der Schüler das, was er auswendig gelernt hat, zumindest so weit umformulieren, dass es nicht mehr ein Abklatsch der Internetvorlage ist. Und das ist ja auch schon etwas.

Keine Gleichheit im Unrecht

29

Wir bleiben an unserer Schule, bei unseren sympathischen Lehrkräften, wenden uns nun jedoch einem Problem zu, das häufig bei mündlichen Prüfungen auftritt. Juristen haben für die Lösung des gleich auftretenden Dilemmas den einprägsamen Spruch: „Es gibt keine Gleichheit im Unrecht!" Er taucht bereits in der Überschrift auf, ist aber so zentral, dass er aus didaktischen Gründen ruhig noch einmal wiederholt werden kann: „Es gibt keine Gleichheit im Unrecht!" So ist es.

Was damit gemeint ist, erscheint zunächst ziemlich unverständlich, weshalb ich es an einem konkreten Beispiel erläutere: An der Schule von Peter Sielje wird zum Ende des Schuljahres eine Abschlussprüfung durchgeführt, zu der auch mündliche Prüfungen gehören. Die Vorbereitungszeit dafür beträgt jeweils 30 Minuten. Wie es der Zufall will, passt die zuständige Aufsicht im Vorbereitungsraum nicht auf und ausgerechnet der gute Lukas erhält etwa 10 Minuten mehr, also entspannende 40 Minuten Vorbereitungszeit.

Dadurch verschiebt sich nicht nur alles, sondern dieser Fehler spricht sich auch in Windeseile herum. Darum fordern die nachfolgenden Prüflinge lautstark: „Wir wollen auch 40 Minuten! Gleiches Recht für alle!"

Sielje als Prüfungsleiter weiß nicht, wie er sich verhalten soll, denn die Schüler argumentieren – nicht ungeschickt – mit

dem Grundsatz der Gleichbehandlung. Selbst unser Schulleiter, Karl Rotte, der eigentlich im Schulrecht ziemlich fit ist, stößt hier an seine Grenzen.
Aber Sie erfahren hier, wie dieses knifflige Problem gelöst und wie die Lösung begründet wird. Die Schüler irren sich. Es gibt nämlich keine Gleichheit im Unrecht! Das bedeutet: Auf das Gleichheitsprinzip kann man sich immer nur dann berufen, wenn die Grundlage dafür **korrekt** ist. Die korrekte Vorbereitungszeit beträgt 30 Minuten, und natürlich hat jeder Prüfling in gleicher Weise Anspruch auf diese (korrekte) Zeit.

Nur Anspruch auf das Korrekte

In unserem Fall wurde jedoch ein Fehler gemacht, ein Kandidat erhielt fälschlicherweise 40 Minuten. Jetzt greift der Anspruch auf Gleichbehandlung nicht mehr, denn sonst würden aus einem Fehler ja unendlich viele Fehler. Nach diesem (falschen) Ansatz hätte jeder Prüfling, im Extremfall noch Jahre später, Anspruch auf die fehlerhaften 40 Minuten Vorbereitungszeit. Das wäre ziemlicher Unsinn. Wie lösen Sie also das Dilemma? In welcher Weise der Ausrutscher mit der längeren Vorbereitungszeit korrigiert wird (nochmalige Prüfung von Lukas?), entscheidet später die Prüfungskommission. Aber sobald der Fehler entdeckt ist, wird für die nachfolgenden Kandidaten die Vorbereitungszeit wieder auf die korrekte Dauer zurückgesetzt.

Kein Anspruch auf Fehlerwiederholung

Sitzenbleiben auch ohne Warnung

30

Endlich naht das Schuljahresende, aber zuvor müssen noch die Zeugniskonferenzen (Versetzungskonferenzen), bewältigt werden. Die Kollegen sitzen mehrere Nachmittage im Lehrerzimmer, gehen in wechselnder Besetzung in den gegenüberliegenden Konferenzraum, nehmen dort an den (erfreulich kurzen) Konferenzen teil und kehren wieder ins Lehrerzimmer zurück. Anna Nass ist Klassenlehrerin einer achten Klasse und damit zuständig für die Durchführung der Versetzungskonferenz. Zwar ist auch der Schulleiter an-

wesend, er hält sich jedoch dezent im Hintergrund und beobachtet nur, um im Bedarfsfall eingreifen zu können.
Die Noten von mehreren unproblematischen Schülern werden besprochen, bevor es dann zu einem interessanten Fall kommt. Dieser ist allerdings nur möglich, weil unsere Musterschule in einem „harten" Bundesland liegt, in dem es das Sitzenbleiben noch gibt. Ja, so etwas gibt es tatsächlich noch.
Die Kollegin trägt die Noten von Jerome-Maurice vor, der in vier Fächern eine Fünf hat, darunter sogar in drei Hauptfächern. Anna ist gerade dabei, den Antrag auf Nichtversetzung zu stellen, als ihr der Kollege Bähre ins Wort fällt und fragt: „Ist hier eigentlich vorher gewarnt worden?" Betretenes Schweigen, das Karl Rotte schlagartig munter werden lässt. Anna überprüft mit Peter, der das Protokoll führt, die Unterlagen und kommt zu dem Ergebnis, dass Jerome tatsächlich nicht gewarnt wurde. Zum Halbjahr waren seine Leistungen noch passabel, weshalb man eine Warnung für nicht zwingend erforderlich hielt. Schließlich gab es ja noch die Möglichkeit, den Schüler nachzuwarnen. Aber diese Gelegenheit wurde versäumt. Jerome wurde zu Ostern nicht gewarnt, und selbst die letzte Möglichkeit, ihn kurz vor dem Schuljahresende noch nachzuwarnen, wurde verpasst. Mist! Anna hatte sich darauf verlassen, die Kollegen würden ihr etwaige Verschlechterungen schon unaufgefordert mitteilen, während die Kollegen davon ausgegangen waren, Anna würde sie schon nach Verschlechterungen fragen.

Warnung vergessen?

In der Versetzungskonferenz sitzt (als Elternvertreterin) auch Sascha-Pascals Mutter, die mit großer Genugtuung erklärt: „Tja, Pech gehabt. Wenn Sie verschlampt haben, ihn zu warnen, dann können Sie ihn auch nicht sitzen bleiben lassen."
Die Kollegen schauen sich ratlos an, und die ersten fangen an, bedeutungsvoll zu nicken. Bevor auch Sie innerlich nicken, klären wir die Angelegenheit, indem wir die Situation auf Sie übertragen: Selbst wenn die Warnung versäumt wurde, können Sie die Nichtversetzung des Schülers beantragen und die Konferenz darf die Nichtversetzung auch rechtswirksam beschließen. Denn dieser Schüler hat ja ob-

Sitzenbleiben auch ohne Warnung möglich

jektiv vier Fünfen, das heißt, eine erfolgreiche Mitarbeit in der nächsten Jahrgangsstufe ist quasi ausgeschlossen. Der Schüler muss also nicht zwangsläufig versetzt werden. Mit vier Fünfen *könnte* er auch gar nicht versetzt werden. Um ihn doch noch zu versetzen, müssten einige Kollegen, die eine Fünf gegeben haben, in der Konferenz ihre Noten nach oben korrigieren.

Eine rechtlich davon losgelöste Angelegenheit ist die Tatsache, dass Sie als Klassenlehrer(in) es in diesem Beispiel versäumt hätten, sich über die Entwicklung der Noten zu informieren und den Schüler und seine Eltern zu warnen. Damit hätten Sie gegen den entsprechenden Erlass, den es in jedem Bundesland gibt, verstoßen und müssten eventuell mit einem Eintrag in die Personalakte bzw. einer leichten Disziplinarmaßnahme (Ermahnung) rechnen.

Nicht die Aufsicht „vergessen" 31

Der forsche Kollege Johannes Bähre tut zwar immer so, als sei er unheimlich streng und korrekt. Schaut man jedoch hinter die Kulissen, entdeckt man ein ganz anderes Bild. Er ist nämlich, was die Erfüllung seiner Dienstpflichten angeht, ziemlich nachlässig. So sitzt er fast in jeder Pause kaffeetrinkend in einer Ecke des Lehrerzimmers und plaudert munter mit den Kollegen. Hiergegen wäre noch nichts einzuwenden, wenn er dies nicht sogar dann täte, wenn er Aufsicht hat. Aber selbst diese gesetzliche Verpflichtung bringt ihn nicht dazu, sich auf den Pausenhof zu begeben.

Unser netter Kollege Peter Sielje sitzt ebenfalls ab und zu in der Sitzgruppe und trinkt dort seinen Kaffee. Irgendwann fällt ihm auf, dass Bähre nie zur Aufsicht verschwindet und er fragt ihn, ob es nicht sinnvoll wäre, zumindest ab und zu auf dem Pausenhof zu erscheinen. Da der Kollege Bähre ausgesprochen cool ist, entgegnet er süffisant: „Nun mach' dir mal nicht ins Hemd, du Bedenkenträger. Wenn dort etwas passieren sollte, dann sage ich einfach, ich musste auf die

Toilette." Sielje ist sprachlos. Statt sich für die kollegiale Erinnerung zu bedanken, muss er sich unqualifizierte Pöbeleien anhören. Weil Sielje ein höflicher Mensch ist, entgegnet er nichts darauf. Aber Ihnen erkläre ich, warum Bähre mit dieser faulen Ausrede auf die Nase fallen wird. Irgendwann ereignet sich während der Aufsicht von Bähre ein Unfall. Wie geht es weiter?

Achtung!

Es wird ermittelt, man wird die Schüler fragen, ob denn der Kollege Bähre am besagten Tag in seinem Aufsichtsbereich gewesen sei. Vermutlich antworten die Schüler darauf: „Herr Bähre? Nie hier gesehen!" Damit ist für jeden halbwegs intelligenten Menschen sofort klar: Der Toilettengang von Bähre ist eine Ausrede (juristisch: eine „unglaubwürdige Schutzbehauptung") und der Kollege ist fällig.

Das bedeutet analog für Sie: Nehmen Sie regelmäßig Ihre Aufsicht wahr, denn in einem Schadensfall wird ermittelt. Kein Problem ist es, wenn Sie **einmal** Ihre Aufsicht vergessen oder wenn Sie **einmal** erst zur Toilette müssen, folglich erst etwas später in Ihren Aufsichtsbereich kommen. Sie können sich aber nicht aus einem möglichen Toilettengang eine Ausrede konstruieren, nie Ihre Aufsicht wahrzunehmen. Das wird immer rauskommen. Denn es gilt die alte chinesische Weisheit: „Wenn du nicht willst, dass etwas rauskommt – dann tu es nicht!"

Beweislastumkehr des BGH verstehen

32

Anders als der unsympathische und unzuverlässige Bähre nimmt Anna Nass ihre Aufsicht (Tipp 31) regelmäßig wahr. Allerdings macht sie das etwas ungeschickt. Sie ist nämlich ein zurückhaltender Mensch und möchte durch ihr Hin- und Herlaufen auf dem Pausenhof die Schüler nicht beeinträchtigen. Diese müssten ihr ja, wenn sie herumgeht, beim fröhlichen Herumtoben eventuell ausweichen, könnten sich also nicht ungehindert bewegen. Folglich steht sie regungslos und unauffällig in der äußersten Ecke des Pausenhofs. Wer nicht genau hinschaut, erkennt sie gar nicht.

› Tipp 31

Nicht unauffällig herumstehen

Die Kollegin ist pflichtbewusst, ja, das spricht für sie, aber die Art und Weise, **wie** sie ihre Aufsicht wahrnimmt, entspricht nicht den Anforderungen an eine Pausenaufsicht und ist zudem ausgesprochen ungünstig – für sie.

Damit kommen wir zu einem ganz zentralen Urteil des Bundesgerichtshofs (BGH), das für Lehrkräfte erhebliche Auswirkungen hat. Der BGH hat in diesem wichtigen Urteil die „Beweislast“ umgekehrt. Was sich erst einmal unspektakulär anhört, hat erhebliche Konsequenzen: Vor diesem Urteil war es so, dass ein Schüler, der sich in der Pause verletzt hatte, nicht nur seine Verletzungen nachweisen musste, sondern er bzw. seine Eltern mussten ebenfalls nachweisen, dass die Lehrkraft ihre Aufsichtspflicht vernachlässigt hatte. Das hat sich grundlegend geändert. Jetzt braucht der Schüler nur noch nachzuweisen, sich verletzt zu haben, das wird ihm leichtfallen. Die Lehrkraft hingegen muss den „Entschuldungsbeweis“ führen, also nachweisen, dass sie ihre Aufsicht wahrgenommen hat. Und wer – wie die Kollegin Nass – unauffällig in der Ecke steht, macht sich das Leben im Fall eines Unglücks unnötig schwer.

› Verzeichnis wichtiger Urteile, Nr. 4

Entschuldungsbeweis wird gefordert

Schließlich kann es Ihnen durchaus passieren, dass Sie gerade in der einen Ecke des Pausenhofs sind – und in der anderen Ecke bricht sich ein Schüler ein Bein. Bei den späteren Ermittlungen geht es dann um die Frage, ob man sich an Sie erinnert, ob Sie während Ihrer Aufsicht bewusst wahrgenommen wurden. Sie sollten also nicht nur irgendwo in

Machen Sie sich bemerkbar

der Ecke herumstehen, sondern Ihren gesamten Aufsichtsbereich abschreiten.

Gleich mal ausprobieren

Darüber hinaus kann ich Ihnen nur empfehlen: Bringen Sie sich ins Gedächtnis, indem Sie z.B. mit den Schülern reden. Für Grundschulen kann es sogar sinnvoll sein, wenn Sie als Pausenaufsicht eine Warnweste tragen, weil Sie dadurch für die Schüler schnell zu erkennen sind, was zugleich die Sicherheit erhöht.

33 Schüler als Hilfsaufsicht einsetzen

› Tipp 31
› Tipp 32

Nach der Pausenaufsicht des letzten Tipps muss Anna Nass sich sputen, weil sie in ihrer Klasse gleich Kunstunterricht hat. Damit nähern wir uns dem juristischen Begriff „gefahrgeneigt", der nichts anderes als „gefährlich" bedeutet, aber irgendwie gebildeter klingt. In der Schule gibt es einige gefahrgeneigte Fächer, zum Beispiel Sport, Physik, Chemie oder wenn (wie an den Berufsschulen) mit Maschinen gearbeitet wird. Für diese gefahrgeneigten Fächer gibt es spezielle Sicherheitsbestimmungen, die auf Punkt und Komma eingehalten werden müssen. Hier gibt es keinen Ermessensspielraum.

Aber auch in anderen – eigentlich ungefährlichen – Fächern können punktuell gefahrgeneigte Tätigkeiten auftreten, die erhöhte Anforderungen an die Aufsicht stellen. Damit sind wir wieder beim Kunstunterricht der Kollegin Nass. Ich hoffe, Sie werden mir zustimmen, dass Kunst eigentlich ein harmloses Fach ist, allerdings nicht, wenn in der achten Klasse als Thema „Linolschnitt" auf dem Plan steht.

In jedem Fach kann es gefährlich werden

Die Kollegin erklärt den Schülern also, wie sie mit dem Messer zu schneiden haben (immer vom Körper weg), sie hat sogar schon einen guten Meter Pflaster parat gelegt, um etwaige Schnittwunden versorgen zu können. Plötzlich verspürt sie ein Grummeln in der Magengegend und erkennt,

dass sie ganz dringend auf die Toilette muss (Durchfall!). Was kann man in dieser zugespitzten Situation im Hinblick auf die Aufsichtspflicht von der Kollegin wohl erwarten?
Interessant ist, was in meinen Schulrechtsfortbildungen fast immer – und was fast nie gesagt wird. Immer wird die Anweisung an die Schüler genannt, die Messer hinzulegen und nicht weiter zu schneiden. Das ist ohne Zweifel geboten. Sehr häufig wird vorgeschlagen, und das ist ebenfalls sinnvoll, der Kollegin im Nachbarraum kurz Bescheid zu geben und sie darum zu bitten, zwischendurch einmal in die jetzt lehrerlose Klasse zu schauen, weil man selbst dringend auf die Toilette muss. Fast nie jedoch werden Klassensprecher und Stellvertreter herangezogen, um die Anordnung, mit dem Schneiden aufzuhören, zu überwachen.
Auf meine Frage, warum die Kollegen denn diese Möglichkeit nicht miteinbeziehen, höre ich häufig das Argument: Der Klassensprecher und sein Stellvertreter können sich doch gegenüber ihren Mitschülern vielleicht gar nicht durchsetzen. Das mag ja richtig sein, aber es ist der falsche Ansatz. Machen Sie es besser: In einer solchen Situation sollten Sie alles in die Wege leiten, was geeignet sein könnte, die Gefahr zu reduzieren. Setzen Sie also (zusätzlich zur Kollegin im Nachbarraum) zwei Schüler als Hilfsaufsicht ein. Wenn dann trotzdem einige Schüler weiter schneiden und sich jemand verletzt, womit bei Schülern immer zu rechnen ist, trifft Sie keine Schuld, weil Sie alles getan haben, was in dieser kritischen Situation möglich war. Aber natürlich wird auch der Klassensprecher nicht zur Verantwortung gezogen.

Bilokations-Falle umgehen

34

Vermutlich kennen Sie die folgende Situation aus eigener schmerzlicher Erfahrung, aber zuerst trifft es wieder einmal die Kollegin Nass. Ihr Montag beginnt ziemlich stressig. Sie hat ihren Mantel noch nicht an die Garderobe gehängt, als der Vertretungsplaner sie bereits mit den Worten überfällt:

„Du, die Kollegin Mietze Schindler hat sich überraschend krank gemeldet. Dein Klassenraum ist doch direkt daneben. Kannst du bitte mit nach ihrer Klasse sehen?" Anna möchte nicht ungefällig sein, hat aber Zweifel, ob es möglich ist, zwei Klassen an unterschiedlichen Orten zu beaufsichtigen.

Wird Mitbeaufsichtigung gefordert?

Wie löst man nun dieses Dilemma? Kein Problem hätten Sie, wenn Sie ein katholischer Heiliger (oder eine Heilige) wären. Denn die katholische Kirche kennt den Grundsatz der Bilokation, das heißt, die Fähigkeit, an zwei Orten gleichzeitig zu sein. Diese Fähigkeit wird allerdings nur Heiligen zugesprochen, normalen Menschen ist das nicht möglich.

Gleich mal ausprobieren

Wenn wir Sie fürs Erste zu den normalen Menschen zählen, empfehle ich Ihnen aus juristischer Sicht, dem Wunsch des Vertretungsplaners entgegenzuhalten: „Du, das kann ich nicht. Ich kann nicht an zwei Orten gleichzeitig sein." Denn als pflichtbewusster Beamter müssen Sie darauf hinweisen, sobald Sie eine dienstliche Anweisung nicht erfüllen können.

› Auf Unmöglichkeit hinweisen

Sie sollten also nicht in die Bilokationsfalle tappen, sondern dem Vertretungsplaner, so banal es auch klingt, die Problematik dieser Mitbeaufsichtigung vor Augen führen.

Viele Schulleitungen haben schulrechtlich dazugelernt und nehmen ihre sog. „Organisationspflicht" ernst, indem sie für solche plötzlichen Ausfälle einen Bereitschaftsdienst, eine Vertretungsreserve, eingerichtet haben. Falls diese auch bei Ihnen besteht, aber schon „verbraucht" sein sollte, dann sind sowohl Sie als auch der Vertretungsplaner im grünen Bereich. Sollte bei der Mitbeaufsichtigung tatsächlich etwas passieren, dann haften Sie nicht, weil Sie auf die Problematik der fast unmöglichen Beaufsichtigung hingewiesen haben. Der Vertretungsplaner ist aber ebenfalls entlastet, weil eine präventive Vertretungsreserve besteht, diese aber aufgebraucht ist.

Gibt es eine Vertretungsreserve?

35

Das Wetter wird besser und Peter Sielje plant einen Tagesausflug in die Lüneburger Heide. Gerne hätte er dafür als zweite Begleitung seine Kollegin Anna Nass mitgenommen, aber der Schulleiter ist in diesem Punkt recht restriktiv. Er weiß: Wenn zwei Lehrkräfte einen Tagesausflug begleiten, muss doppelt so viel Unterricht vertreten werden, als wenn nur einer mitfährt. Leider war der Kollege Sielje auch nicht clever genug, ein Programm vorzulegen, bei dem die Klasse zumindest zeitweilig geteilt wird. Folglich muss er damit leben, seine Klasse allein zu betreuen. Das ist aber nicht wirklich tragisch, weil die Schüler seiner Klasse in der Regel ganz vernünftig sind.

Man wandert also durch die Lüneburger Heide, gegen Mittag wird ein Päuschen gemacht, verbunden mit einem Picknick. Nachdem die Schüler gegessen haben, amüsieren sie sich, da hier ein Funkloch ist, mit den mitgenommen Spielgeräten. Chantal und Jacqueline werfen sich gegenseitig eine Frisbee-Scheibe zu und rennen ihr hinterher, um sie zu fangen. Bei einem dieser Versuche, die Scheibe zu erwischen, läuft Chantal gegen einen Baum und bleibt bewusstlos am Boden liegen. Unweit des Rastplatzes sieht man eine Landstraße, die den Kollegen Sielje allerdings vor ein juristisches Problem stellt: Soll er mit der verletzten Chantal zur Straße eilen und somit seine Klasse allein lassen, oder soll er bei der Klasse bleiben und dadurch verhindern, dass Chantal schnellstmöglich in ein Krankenhaus kommt?

Sielje steckt in einer Zwickmühle, die Juristen als „Pflichtenkollision" bezeichnen. Einerseits hat er die Pflicht, seine Klasse zu beaufsichtigen, andererseits hat er die Pflicht, Chantal möglichst schnell in ein Krankenhaus zu bringen. Aber diese beiden Pflichten kollidieren miteinander, sie sind nicht unter einen Hut zu bringen, denn der Kollege ist ja kein katholischer Heiliger, kann also nicht an zwei Orten gleichzeitig sein (Tipp 34). Wie man sich in einer „Pflichtenkollision" zu verhalten hat, ist glücklicherweise schon geklärt.

Manchmal möchte man sich zweiteilen

› Tipp 34

Was man von ihm bzw. von Ihnen erwartet, ist Folgendes:

Abwägen: Wo ist die größere Gefahr?

Sie müssen in dieser Situation eine Abwägung vornehmen, wo die größere Gefahr liegt und wo Sie deshalb dringender gebraucht werden. Wenn Sie eine ausgesprochen undisziplinierte Klasse haben, die Verletzung von Chantal aber für nicht so gravierend halten, dann bleiben Sie bei der Klasse und warten darauf, dass Chantal wieder zu sich kommt. Falls Sie jedoch eine pflegeleichte Klasse haben, die Verletzung des Mädchens Ihnen aber gravierend erscheint, ermahnen Sie die Klasse, keinen Unfug zu machen, nehmen Chantal auf den Arm und eilen mit ihr zur Landstraße, um dort das nächste Auto anzuhalten und das Mädchen ins Krankenhaus zu bringen.

36 Ramadan angemessen berücksichtigen

In diesem Jahr fällt der Ramadan, der sich nach unserem Kalender immer verschiebt, in den Sommer, also in die warme Jahreszeit. Das ist einerseits schön, andererseits aber nicht ganz ohne Schattenseiten. Denn Peter Sielje, der in diesem Tipp auch Sport unterrichtet, sieht sich den Forderungen einiger muslimischer Schüler ausgesetzt. Sie wollen nämlich, da sie während des Ramadans von Sonnenaufgang bis Sonnenuntergang weder essen noch **trinken** dürfen, eine Befreiung vom Sportunterricht. Eigentlich möchte der Kollege bei dem schönen Wetter mit seiner Klasse gerne den Langstreckenlauf trainieren, also eine schon unter normalen klimatischen Verhältnissen schweißtreibende Tätigkeit.

Haben die muslimischen Schüler nun einen Anspruch darauf, vom Sportunterricht befreit zu werden? Ja, dieses Recht haben sie, sobald eine körperlich anstrengende Tätigkeit von ihnen gefordert wird. Denn der Zwang, an diesen schweißtreibenden Tätigkeit teilzunehmen, wäre eine akute Gesundheitsgefährdung, die natürlich nicht zu vertreten ist.

Nur Befreiung von sportlicher Tätigkeit!

Aber – und das ist wichtig – **die Schüler haben nicht frei.** Es gibt keinen Grund für sie, zu Hause zu bleiben oder in die Stadt zu gehen, sondern diese Schüler müssen an einem schattigen Ort dem sportlichen Treiben der Mitschüler zusehen, um daraus etwas zu lernen.

SOS-Tipp

Sie können diese Schüler auch in einen kühlen Raum des Schulgebäudes setzen und sie aus einem Sportbuch etwas über den Langstreckenlauf abschreiben lassen. Danach müssen sie sich kritisch mit dem Text des Sportbuches auseinandersetzen und ihre eigene Meinung dazu äußern. Und diese Ausführungen können Sie in die Sportnote miteinbeziehen.

37 Schüler im PKW mitnehmen

Welch ein Zufall! Gerade ist Anna Nass mit der Lektüre von Dürrenmatts „Die Physiker" fertig geworden, da bietet schon das Theater in der benachbarten größeren Stadt genau dieses Stück als Aufführung an. Verständlicherweise möchte die Kollegin sich das Schauspiel mit ihren Schülern ansehen, und auch die Klasse ist damit einverstanden, vor allem nachdem die Kollegin deutlich gemacht hat, dass die Schüler durch den Theaterbesuch ja quasi Überstunden ableisten, die sie irgendwann später an anderer Stelle ohne schlechtes Gewissen einmal abhängen können.
Allerdings gibt es keine öffentlichen Verkehrsmittel, die die Schüler nach der Veranstaltung (23:00 Uhr) wieder zurück zum Schulort bringen. Auch die Nachfrage bei örtlichen Busunternehmen bringt kein zufriedenstellendes Ergebnis. Die kleineren Busse mit etwa 20 Sitzplätzen sind alle bereits ausgebucht, verfügbar wäre nur ein sehr großer Bus mit über 50 Sitzplätzen, der sich nur lohne, wenn eine andere Klasse mitfährt. Das ist aber nicht der Fall, so dass die Schüler bzw. deren Eltern neben dem moderaten Eintrittsgeld einen enormen Betrag für die Fahrtkosten zahlen müssten.
An dieser Stelle kommt von den Eltern der Vorschlag, die Schüler mit Privat-Pkws zum Theater zu bringen und sie von

dort wieder abzuholen. Die Kollegin ist grundsätzlich damit einverstanden, in ihrem Pkw ebenfalls Schüler mitzunehmen, ist sich aber unsicher über die rechtliche Lage.

Die ist nicht so schlecht, wie viele Kollegen vermuten oder wie viele Schulleitungen gerne behaupten („Dann sind die Schüler nicht versichert!"). Zuerst die gute Nachricht: Wie jeder Arbeitnehmer sind die Schüler (über die gesetzliche Unfallversicherung) auf dem Weg zur Schule und wieder zurück immer versichert, und zwar unabhängig davon, mit welchem Verkehrsmittel sie die Strecke zurücklegen. Selbst Sascha-Pascal, der manchmal mit seinem Skateboard zur Schule kommt, wäre bei einem Unfall auf seinem Schulweg versichert. Das Gleiche gilt, wenn schulische Veranstaltungen an einem anderen Ort stattfinden, so wie bei unserer angenommenen Theaterveranstaltung. Hier sind die Schüler ebenfalls versichert, und zwar sowohl im Wagen der Eltern als auch im Wagen der Lehrkraft. Das ist doch gut zu wissen.

Schüler sind gesetzlich versichert

Achtung!

Nun kommt eine Einschränkung: Versichert sind nur die *Körperschäden,* nicht aber etwaige Sachschäden. Wenn also bei einem Unfall (plötzliches Glatteis auf der Straße) der Pullover eines Schülers zerrissen wird, zahlt die gesetzliche Unfallversicherung diesen nicht. Ich glaube, mit diesem Risiko kann man notfalls leben. Weiterer Vorbehalt: Sollte die Kollegin den Unfall grob fahrlässig verschulden, weil sie z. B. mit dem Handy telefoniert, müsste sie Forderungen auf Schmerzensgeld aus eigener Tasche zahlen.

Dritter Wermutstropfen: Leider sind die Autos nicht über die Schule versichert, weil es sich nicht um eine Dienstreise (Tipp 1) handelt. Den Schaden am Pkw müsste also jeder Fahrer privat mit seiner Versicherung abrechnen und damit leben, dass er zurückgestuft wird.

Keine Dienstreise

› Tipp 1

Fazit: Die Mitnahme von Schülern in Privat-Pkws sollte die letzte Möglichkeit bleiben, aber sie ist nicht ausgeschlossen, weil bei Unfällen die Körperschäden der Schüler immer versichert sind.

Vorsicht bei Tieren im Unterricht

38

Chantal war schon immer eine coole Schülerin, nun aber gehen eigenartige Veränderungen mit ihr vor: Sie kleidet sich in Schwarz, färbt sich die Haare blau, pierct sich die Nase und schminkt sich weiß. Davon abgesehen ist sie nach wie vor sehr nett. Genau diese Tatsache macht es dem Kollegen Sielje schwer, ihr etwas abzuschlagen. In seinem Unterricht sollen die Schüler Dinge oder Personen vorstellen, an denen sie ganz besonders hängen, und in der Klasse begründen, warum sie ihnen so wichtig sind. In diesem Zusammenhang stellt Chantal die ungewöhnliche Frage: „Kann ich auch meine Ratte mitbringen?" Das bringt Bewegung in die Klasse. Die einen rufen „Ihh!", die anderen finden: „Das ist ja cool!" – und der arme Sielje befindet sich gefühlsmäßig dazwischen, muss als Lehrkraft aber eine Entscheidung fällen. Er überlegt: „Warum eigentlich nicht?" Das ist jedoch in solchen Situationen die falsche Frage. Denn da Schüler, wenn sie Lehrkräfte fragen, eigentlich immer etwas zu ihren Gunsten wollen, ist es besser, die Frage andersherum zu formulieren: Warum eigentlich? Ist das wirklich notwendig? Geht das nicht auch eine Nummer kleiner? Was könnte passieren? Wo könnten (juristische) Fallstricke liegen?

Warum eigentlich?

Zugegeben, die letzten beiden Fragen sind etwas, womit sich einige Lehrkräfte nicht befassen. Sie halten juristische Überlegungen für spießig und sehen Juristen als personifizierte Spaßbremsen. Das kann ich nicht leugnen, solange es um ihren Beruf geht. Schließlich werden Juristen dafür ausgebildet, etwaige Fallstricke selbst dann zu erkennen, wenn sie dünn wie Spinnweben sind. Sie sehen immer den schlimmsten Fall am Horizont heraufziehen und suchen nach einer Möglichkeit, wie man ihn vermeiden kann. Deshalb kann ich nur warnen, sobald es um das Mitbringen von Tieren geht. Denn Tiere werden juristisch als gefährliche Sachen eingeordnet, weil sie letztlich unberechenbar sind.

Tiere sind unberechenbar

Also konstruiere ich einmal, weil ich eine Spaßbremse bin, den schlimmsten Fall: Irgendwie entwischt die putzige Ratte ihrem Frauchen und rennt über die Tische im Klassenraum,

worauf die ängstliche Charlotte sich so erschreckt, dass sie zwei Schritte rückwärts macht. Dabei stolpert sie und schlägt sich an der Kante des hinter ihr stehenden Tisches den Kopf auf. Wir lassen es glimpflich ausgehen, Charlotte soll nicht sterben, sondern sie hat nur eine mittelschwere Kopfverletzung. Wie geht es vermutlich weiter?
Charlottes Eltern werden versuchen, für die Verletzung ihres Kindes einen Schuldigen zu finden. Und dreimal dürfen Sie raten, wer bei der Auswahl hierfür wohl die besten Chancen hat. Mit Sicherheit nicht Chantal, denn die ist minderjährig, folglich noch nicht voll einsichtsfähig. Zudem hat sie den zuständigen Klassenlehrer, immerhin einen pädagogisch und schulrechtlich ausgebildeten Erwachsenen, gefragt, ob es zulässig sei, die Ratte mitzubringen. Und die Schulleitung wird die (berechtigte) Frage stellen, ob es für den Unterrichtszweck nicht auch genügt hätte, wenn Chantal nur ein schönes Foto ihrer Ratte mitgebracht hätte.
Sie können ja tun und lassen, was Sie wollen. Schließlich sind Sie über 18 und leben in einem freien Land. Aber ich empfehle Ihnen, beim Mitbringen von lebenden Tieren in die Schule eher restriktiv zu sein. Sie gelten dann vielleicht ebenfalls als Spaßbremse, verringern aber Unfallrisiko und sogar die Übertragung gefährlicher Krankheiten.

39 Speisen bei Schulfesten entschärfen

Mit den letzten beiden Worten habe ich einen geschmeidigen Übergang zum nächsten Thema geschaffen, dem Schulfest an unserer kleinen Schule. Zum Abschluss des Schuljahres soll dort nämlich ein Schulfest veranstaltet werden, und zwar zum Thema Europa. Die Klasse von Anna Nass hat Italien zugeteilt bekommen, was die Schüler begeistert, weil sie sich mit Pizza und Pasta wunderbar auskennen. Da macht ihnen niemand was vor. Die Schüler wollen sich vor allen Dingen um den Verkauf der Speisen und Getränke kümmern, ihre Eltern bereiten diese zu.

Die Mutter von Sascha-Pascal war schon einmal in Italien und hat dort in einem Kochkurs gelernt, wie man ein total tolles Tiramisu herstellt, nämlich mit frischen Eiern. So etwas will sie zum Schulfest liefern. Weil sie jedoch eine eher sparsame Hausfrau ist, nimmt sie für das Tiramisu ein paar Eier, die objektiv nicht mehr so ganz frisch sind. Das sieht man ihnen von außen leider nicht an, sie riechen nicht einmal unangenehm beim Aufschlagen, allerdings sollte man sie besser in (durchgegartes) Rührei verwandeln, als aus ihnen eine ungegarte Cremespeise zuzubereiten.

Speisen für das Schulfest?

Das Tiramisu wird in die Schule gebracht, wo sich leider niemand so recht darum kümmert. Stattdessen steht es in der Sonne und wartet ungeduldig darauf, verzehrt zu werden. Aber, wie es das Schicksal so will, die Besucher des Schulfestes widmen sich zuerst den herzhaften Gerichten, bevor sie dann am frühen Nachmittag bei den diversen Desserts zuschlagen. Auch hier lassen wir es glimpflich ausgehen, denn niemand stirbt an den Salmonellen, die sich im warmen Tiramisu optimal entwickeln konnten. Aber einige jüngere Schüler müssen sofort ins Krankenhaus gebracht und dort behandelt werden. Fast zeitgleich stellt sich wieder einmal die Frage nach der Schuld, ich kann es nicht ändern.

Damit kommen wir zum juristischen Begriff des „Gefahrübergangs", der den Zeitpunkt bezeichnet, in dem die Verantwortung (die Gefahr) von einer Person auf die nächste übergeht. Die Mutter argumentiert natürlich wie folgt: Das Tiramisu sei bei ihr zu Hause noch völlig in Ordnung gewesen und sie sei selbstverständlich davon ausgegangen, dass es in der Schule ordentlich gekühlt und die Klassenlehrerin sich darum kümmern werde, damit es nicht stundenlang in der Sonne steht. Ihr Argument ist leider nicht von der Hand zu weisen, denn die Verantwortung für das Tiramisu geht in dem Moment auf die Schule über, in dem es dort über die Türschwelle getragen wird.

Hygieneregeln einhalten

Was kann man nun von Ihnen als Lehrkraft verlangen? Da der Verlag und ich es Ihnen leicht machen wollen, finden Sie dazu im Anhang des Buches die Vorlage für eine Checkliste (Kopiervorlage 4).

› Kopiervorlage 4

Gleich mal ausprobieren

Den Bogen mit diesen Regeln können Sie kopieren und an die Eltern verteilen. Dieses Blatt orientiert sich an den Landeshygieneverordnungen, die erprobte Regeln für Straßenfeste aufgestellt haben, die sich ohne Weiteres auf Schulfeste übertragen lassen. Eine dieser Regeln besagt zum Beispiel, keine frischen Eier zu verwenden.

Die Eltern bestätigen mit ihrer Unterschrift, die Liste mit den Hygieneregeln nicht nur gelesen zu haben, sondern sich auch daran halten zu wollen. Dann müssen Sie sich als Lehrkraft nur noch ab und zu vergewissern, dass die empfindlichen mitgebrachten Speisen nicht stundenlang in der Sonne stehen. Damit haben Sie alles getan, was Sie in dieser Situation tun konnten. Und falls eine sparsame Mutter dann trotzdem noch frische Eier verwendet, die gar nicht mehr frisch sind, dann ist das (juristisch) nicht Ihr Problem. Denn Sie sind abgesichert.

40 Gefahrgeneigte Tätigkeiten kennen

Nun geht es mit Peter Sielje und Anna Nass auf Klassenfahrt, denn die beiden verstehen sich wirklich so gut, dass aus ihnen ein Paar werden könnte. Schließlich haben sie viele gemeinsame Interessen, z. B. das Skifahren. Deswegen planen sie mit Annas Klasse einen Skikurs in den deutschen Alpen, wobei sich am Zielort auch ein Klettergarten und ein Schwimmbad befinden. Bei einem Blick auf die Überschrift ahnen Sie vermutlich schon, worauf ich hinaus will.
Aber zunächst möchte ich einen Vorschlag ansprechen, den ich manchmal höre. Dabei geht es darum, vor einer Klassenfahrt die Eltern sinngemäß unterschreiben zu lassen: „Hiermit bin ich mit allem einverstanden, was mein Kind macht."
Das ist zwar nett gemeint, juristisch aber leider nicht haltbar, weil ein solches Einverständnis viel zu pauschal wäre.

Vielmehr muss jede gefahrgeneigte Tätigkeit einzeln aufgeführt und von den Eltern einzeln abgezeichnet werden. Dafür können Sie auch eine Aufzählung vornehmen, in der die Eltern dann Kreuze bei den entsprechenden Aktivitäten setzen. An dieser Stelle sollten Sie sich bereits merken, dass es zwei Aktivitäten gibt, die immer gefahrgeneigt sind:

Kein pauschales Einverständnis

1. Alles, was mit Wasser (Schwimmen, Segeln) zu tun hat.
2. Alles, was mit Klettern oder Bergen zu tun hat.

Damit ist der Klettergarten zweifelsfrei eine gefahrgeneigte Tätigkeit. Deshalb müssen Sie irgendwo in der Einverständniserklärung den Punkt „Klettergarten" aufnehmen. Und dann unterschreiben die Eltern sinngemäß: „Einverstanden mit dem Besuch im Klettergarten" – oder auch nicht. Jetzt ist alles ganz klar. Wenn die Eltern das unterschreiben, darf der Schüler mit Ihnen in den Klettergarten. Erscheint dies den Eltern jedoch zu gefährlich, dann muss er eben am Eingang des Klettergartens warten, bis seine Klasse sich dort durchgehangelt hat. Aber vielleicht darf er ja mit ins Schwimmbad.

Gesundheitsbogen einsetzen

41

Wie die meisten Kollegen haben auch Anna Nass und Peter Sielje vor ihrer Klassenfahrt an die Schüler bzw. deren Eltern einen Gesundheitsbogen verteilt. Auf diesem können die Eltern sinngemäß ankreuzen: „Mein Kind ist völlig gesund und ohne Einschränkungen belastbar." Aber es besteht ebenso die Möglichkeit, einschränkende Anmerkungen zum Gesundheitszustand zu machen. Dafür gibt es einige vorgegebene Rubriken, z. B. Herz-Kreislauf-Schwäche oder einzunehmende Medikamente. Außerdem ist Platz für sonstige Bemerkungen zum Gesundheitszustand.

Die Informationen auf dem Gesundheitsbogen – wir leben unter der ständigen Forderung des Datenschutzes – sind ganz klar hochsensible Daten, die Sielje und Nass nicht einfach weitererzählen dürfen. Diese Verpflichtung, mit den

Datenschutz beachten

Daten vertraulich umzugehen, teilen sie den Eltern nicht nur auf dem Bogen schriftlich mit, sondern sie halten sich auch daran.
Ein solcher Gesundheitsbogen ist nicht nur für unsere sympathischen Kollegen, sondern ebenso für Sie eine große juristische Entlastung.

Gleich mal ausprobieren

Deshalb sollten Sie den Gesundheitsbogen unbedingt zu Ihrer Absicherung einsetzen. Um Ihnen das Leben in der Schule zu erleichtern, finden Sie diesen Bogen als Kopiervorlage (Kopiervorlage 4).

› Kopiervorlage 4

Der Vorteil beim Einsatz dieses Bogens besteht darin: Falls Schüler bzw. Eltern Ihnen auf diesem Gesundheitsbogen **nicht** die Wahrheit sagen oder eine Krankheit verschweigen, dann haften Sie nicht für daraus resultierende Gesundheitsschäden. Machen wir es konkret. Wenn Jerome-Maurice seine Eltern dazu bringt, seine Kreislaufschwäche zu verschweigen, weil er unbedingt am Skikurs teilnehmen möchte, kann man Sie nicht zur Verantwortung ziehen, wenn er später am Berg zusammenbricht.

Medikamente richtig geben

42

Als Anna Nass und Peter Sielje im Lehrerzimmer über die bevorstehende Klassenfahrt sprechen, geht es auch um die spannende Frage, ob Lehrkräfte ihren Schülern eigentlich Medikamente geben dürfen. Bei dieser Frage rufen die meisten Kollegen entsetzt im Chor: „Nein!“ Diese Meinung ist zwar weit verbreitet, stimmt aber trotzdem so pauschal nicht. Es hängt nämlich alles davon ab, was wir unter dieses „Geben“ fassen, wir machen also jetzt ein wenig Semantik.

Welches „Geben“ liegt vor?

Folgende Medikamentengabe wäre unzulässig: Wenn in Annas Klasse die kleine Charlotte wäre und diese Kopfschmerzen hätte, dürfte die Kollegin Nass ihr nicht ein

Aspirin geben. Denn dieses „Geben" würde bedeuten, eine medizinische Diagnose zu stellen und zu dem Ergebnis zu kommen, Aspirin sei das geeignete Mittel, um die Kopfschmerzen von Charlotte in den Griff zu bekommen. Und Sie wissen vermutlich, dass es Menschen gibt, die allergisch auf Aspirin reagieren.

Wir haben aber ein ganz anderes „Geben", wenn die Mutter des kleinen Lukas, der Asthmatiker ist, zu Ihnen kommt und Sie fragt, ob Sie ihrem Sohn nicht sein Medikament geben könnten. Jetzt stellen Sie keine medizinische Diagnose, sondern die ist klar (Asthma), auch die Dosierung steht fest (1 Hub). Ein solches „Geben" wäre unproblematisch. Falls Sie dabei immer noch Bedenken haben, könnten Sie das Asthmaspray von Lukas vor ihm auf den Tisch legen und sagen: „Lukas, hier liegt dein Spray, nimm es dir!" Auf diese Weise würden Sie ihn quasi nur daran erinnern, das Medikament selbstständig einzunehmen.

Nur Erinnerung ist unproblematisch

Das wahre juristische Problem liegt an einer ganz anderen Stelle, es steckt in der Frage: Was ist eigentlich, falls Sie **vergessen**, Lukas das benötigte Medikament zu geben? Wer haftet dann?

Die Lösung liegt darin, dass Juristen zwischen einem Auftrag und einer Gefälligkeit unterscheiden. Dieser wichtige Unterschied interessiert den Durchschnittsbürger überhaupt nicht, Sie aber sollten ihn kennen. Sobald Sie nämlich einen **Auftrag** übernehmen, haften Sie dafür in vollem Umfang. Das wollen Sie vermutlich nicht. Wenn Sie jedoch Ihrem Wohnungsnachbarn sagen, Sie würden (im Sinne nachbarlicher Gefälligkeit) in den Sommerferien seine Topfblumen gießen, dies aber vergessen, dann kann er Sie nicht auf zwei Ficus Benjamini verklagen. Sie müssen folglich den Eltern klarmachen und sich dies auch unterschreiben lassen, dass Sie keinen Auftrag übernehmen, sondern nur eine *Gefälligkeit* leisten.

Auftrag ist nicht Gefälligkeit

SOS-Tipp

Auch für diese wichtige Absicherung finden Sie eine Vorlage im Anhang (Kopiervorlage 2), die Sie so übernehmen können.

› Kopiervorlage 2

Teilen Sie den Eltern bitte vorher mit, dass Sie die Medikamentengabe nicht garantieren, sondern auch einmal vergessen können. Jetzt haben Sie die Risiken offen dargelegt und die Eltern können entscheiden, ob sie damit leben wollen – oder auch nicht. Falls den Eltern dieses Risiko zu groß ist, muss ihr Sohn eben zu Hause bleiben.

43 Zecken nur mit Erlaubnis entfernen

Eine andere Klassenfahrt unseres naturverbundenen Kollegenpärchens führt während des Sommers in ein fast unberührtes Waldgebiet. Dort wird gewandert und die Natur erkundet. Die Schüler streifen durch das Unterholz, was sie zwar anfangs ziemlich blöd finden, später allerdings genießen. Immer wieder geht es durch die Büsche, durch hohes Gras oder Farn. Es kommt so, wie es kommen muss: Die Zecken schlagen zu, und zwar bei Sascha-Pascal. Als er sich am späten Nachmittag auszieht, um zu duschen, entdecken die Mitschüler einen grauen Punkt auf seiner Brust, der fast die Größe einer Erbse hat. Sascha-Pascal, der noch nie eine Zecke live gesehen hat, rennt schreiend zum Kollegen Sielje und bittet ihn, dieses eklige Tier zu entfernen. Das würde Sielje eigentlich gerne tun, weiß allerdings von älteren Kollegen, dass er es heute mit anderen Eltern zu tun hat als noch vor 15 Jahren.

Eltern wollen sich nicht festlegen

Viele moderne Eltern zeichnen sich dadurch aus, sich zunächst nicht festzulegen, was sie den Lehrkräften in Bezug auf ihr Kind erlauben wollen und was nicht. Mit der Regelmäßigkeit eines Monsunregens gibt es später Situationen, in denen die Lehrkraft gezwungen ist, irgendwie zu handeln. Sobald dabei jedoch unerfreuliche Komplikationen auftreten, wissen wir alle, wie die Eltern argumentieren. Sie erklären, genau das, was die Lehrkraft gerade gemacht hat, hätten sie auf gar keinen Fall gewollt.

Diese nachträgliche Argumentation gilt es auszuhebeln, und ich sage Ihnen gleich, wie das funktioniert. Doch zuerst noch einmal zurück zum Kollegen Sielje, der mit einer Pinzette in der Hand vor Sascha-Pascal steht und nicht weiß, ob er die Zecke herausdrehen soll oder besser nicht. Während Sielje angespannt überlegt, verstreichen wertvolle Sekunden, die zu qualvollen Minuten werden. Sascha wird immer ungeduldiger, die Zecke immer größer, weil sie sich genüsslich mit seinem Blut vollsaugt und Sielje ...

Unterbrechen wir die dramatische Szene und beziehen wir die Situation auf Sie. Falls Sie keine Einwilligung der Eltern hierfür haben, sollten Sie die Zecke nicht herausdrehen, denn wenn die Zecke dabei im Todeskampf ihr Innerstes entleert, kann das nicht nur – im schlimmsten Fall – tödliche Folgen für Sascha-Pascal, sondern auch ziemlich unangenehme für Sie haben.

SOS-Tipp

Sie sollten also vor einer Klassen- oder Tagesfahrt den Bogen zur medizinischen Erstversorgung (Kopiervorlage 2) ausfüllen lassen, auf dem ganz ausdrücklich auch die Zecke erwähnt ist.

› Kopiervorlage 2

Eltern müssen sagen, was Sie dürfen

Wenn die Eltern dort ankreuzen, dass Sie bei einem Schüler eine Zecke entfernen dürfen, dann machen Sie das. Falls Ihnen jedoch diese Erlaubnis nicht erteilt wird, dann lassen Sie die Zecke drin und suchen einen Arzt auf. Das dauert so lange, wie es dauert, aber das ist nicht Ihr Problem. Schließlich hätten die Eltern Ihnen die Erlaubnis geben können, die gefährliche Zecke sofort zu entfernen.

44 Schutz des Ersthelfers kennen

„Führen heißt vorausdenken", sagte man früher einmal. Genau in diesem Sinne überlegt sich Anna Nass, was sie denn in einer lebensbedrohlichen Situation eigentlich tun darf bzw. tun muss. Sie fragt sich ebenfalls, mit welchen Folgen sie vielleicht rechnen muss, falls sie in einer solchen Situation etwas falsch macht. Schließlich ist sie keine Ärztin, sie muss also immer damit rechnen, in einer solchen Situation aus Nervosität einen Fehler zu begehen. Diese berechtigte Frage gilt es zu klären.

Haftung nur bei Verschulden

Zwar ist es grundsätzlich so, dass jeder für die Schäden haftet, die er verschuldet. Und „verschulden" bedeutet, jemandem einen **Vorwurf** machen zu können. Die Frage ist jedoch, ob die Kollegin wirklich schuldhaft handelt, wenn sie in der Aufregung etwas falsch macht.

Damit kommen wir zum juristischen Schutz des Ersthelfers, der sowohl strafrechtlich als auch zivilrechtlich gewährt wird. Das ist ausgesprochen sinnvoll (und beruhigend), denn schließlich ist jeder Mensch verpflichtet, einem anderen zu helfen, wenn dieser sich in Gefahr befindet. Würde er es nicht tun, so wäre das unterlassene Hilfeleistung (§ 323 c StGB).

Um die Ecke gedacht

Wenn nun jedoch derjenige, der Erste Hilfe leistet, bestraft würde, weil er dabei – trotz bester Absichten – etwas falsch gemacht hat, dann wären die Auswirkungen doch absehbar: Niemand würde mehr Erste Hilfe leisten, weil er damit rechnen müsste, bei Fehlentscheidungen zur Verantwortung gezogen zu werden.

Deshalb wird der Ersthelfer grundsätzlich nicht strafrechtlich verfolgt und braucht auch nicht mit zivilrechtlichen Schadensansprüchen zu rechnen. Denn in der Regel handelt er nicht fahrlässig, sondern nach bestem Wissen und ist damit von der Haftung befreit. Wenn also beim Tagesausflug in die Lüneburger Heide einer Ihrer Schüler von einer Wespe in den Rachen gestochen wird und dieser so anschwillt, dass der Schüler zu ersticken droht, dann dürften Sie, falls Sie sich das zutrauen, notfalls sogar einen Luftröhrenschnitt vornehmen. Und falls dieser misslingt, würden Sie nicht dafür haften. Also: Keine Angst vor Erster Hilfe!

Gehen Sie richtig baden

45

Da ich nicht weiß, ob Sie den vorigen Tipp gelesen haben, wiederhole ich noch einmal: Wir sind mit Anna Nass und Peter Sielje auf einer Klassenfahrt in den deutschen Alpen, und im Ort befindet sich auch ein Schwimmbad. Sie werden bei mir feststellen, dass ich grundsätzlich das Worst-Case-Szenario zeige. Meiner Ansicht nach hätten Sie nämlich wenig davon, wenn ich Ihnen immer nur den Idealfall, den einfachsten Fall, schilderte. Sie profitieren viel mehr davon, wenn es Komplikationen in den angesprochenen Beispielen gibt. Das bedeutet: Bei mir sind Schüler (und Eltern) in der Regel beratungsresistent, niemand macht auf Anhieb das, was wir als Lehrkräfte wollen – also wie im richtigen Leben. Damit kommen wir zurück zu unserem Schwimmbad. Um es schwierig zu machen, wollen wir davon ausgehen, dass Sie **keine** Sportlehrkraft sind, Sie haben leider **keinen** Rettungsschein. Dürfen die Schüler unter diesen ungünstigen Voraussetzungen ins Schwimmbad?

Manchmal höre ich als Antwort auf diese Frage den Einwurf: „Bademeister!" Auf meine Nachfrage, was denn damit gemeint sei, bekomme ich zu hören: „Na ja, da ist doch ein Bademeister." Jetzt haben wir zwar schon einen vollständigen Hauptsatz, für die juristische Lösung reicht es inhaltlich allerdings immer noch nicht. Um es ganz deutlich zu sagen: Die pure Anwesenheit eines Bademeisters (der eigentlich ein „Schwimmmeister" sein sollte) vor Ort reicht nicht aus. Vielmehr müssen Sie mit dem Bademeister Kontakt aufnehmen und mit ihm eine Absprache treffen, quasi einen mündlichen Vertrag schließen. Sie müssen ihn fragen, ob er bereit und in der Lage ist, auch Ihre Gruppe mit zu

Notwendig: Absprache mit dem Schwimmmeister

beaufsichtigen. Wenn er dies zusichert, dann dürfen Ihre Schüler ins Schwimmbad, sogar wenn Sie keinen Rettungsschein haben.

Achtung!

Das müssen Sie den Eltern natürlich vorher mitteilen. Legen Sie die Karten offen auf den Tisch, erklären Sie, dass Sie keinen Rettungsschein haben und dass ihre Kinder, wenn die Eltern dies erlauben, nur vom zuständigen Schwimmmeister beaufsichtigt werden.

Freizeit auf Klassenfahrt nutzen

46

Privatleben auf Klassenfahrten

Da wir mit unserem jungen Pärchen immer noch auf Klassenfahrt sind, lassen Sie uns die Frage klären, ob eine Lehrkraft in dieser Zeit eigentlich 24 Stunden im Dienst ist. Um diese Frage zu beantworten, widmen wir uns dem (inzwischen verheilten) Beinbruch der Kollegin Mietze Schindler. Sie war vor einiger Zeit auf einer Klassenfahrt in einer Jugendherberge. Um 23:00 Uhr war Zapfenstreich, die Kollegin wartete noch etwa 20 Minuten, bis alles ruhig war, und stieg dann in die Duschkabine. Dort rutschte sie aus und brach sich ein Bein.

Und nun wurde es interessant. Denn es stellte sich die juristisch knifflige Frage: War das ein Dienstunfall? Nein, es war kein Dienstunfall. Das hört sich zunächst schlecht an, ist es aber nicht wirklich. Denn zum einen musste die Kollegin den Beinbruch nicht aus eigener Tasche bezahlen, sondern ihre private Krankenversicherung kam dafür auf, zum anderen kam durch dieses Urteil etwas ganz Wichtiges heraus: Das entscheidende Gericht stellte nämlich fest, die Kollegin habe sich in einem **Bereich der privaten Lebensführung** befunden. Normale Menschen sagen dazu einfach „Freizeit", aber ich finde, ein „Bereich der privaten Lebensführung" klingt irgendwie gebildeter. Was das Gericht damit meint, ist Folgendes: Die Kollegin hätte auch zu Hause (hoffentlich) geduscht, hätte also auch dort in der Dusche ausrutschen können. Das Ausrutschen in einer Dusche ist also nichts, was typisch für Klassenfahrten ist, sondern es ist etwas, das die Juristen treffend als „allgemeines Lebensrisiko" bezeichnen. Dadurch wird aber deutlich: Auch Sie haben auf der Klassenfahrt Freizeit, auch für Sie gibt es Bereiche der privaten Lebensführung. Nach dem „Zapfenstreich" müssen Sie noch warten, bis alles ruhig ist, aber danach haben Sie Freizeit, können ein gutes Buch lesen und sogar ein Gläschen Wein trinken.

Auch Sie haben Freizeit

Achtung!

Warnung an die jungen männlichen Kollegen: Sie dürfen sich abends nicht hemmungslos betrinken, aber ein Gläschen Wein ist in Ihrer Freizeit schon erlaubt.

Wenn allerdings morgens um drei Uhr Jerome-Maurice mit einer großen Verletzung vor Ihrer Tür steht, dürfen Sie ihn nicht mit dem Hinweis abweisen, Sie befänden sich jetzt in Ihrem Bereich der privaten Lebensführung. In einer solchen Situation sind Sie wieder punktuell im Dienst. Aus diesem Grund dürfen Sie sich ja auch nicht hemmungslos betrinken.

Grenzen der Freiheit

47 Alimente-Bluff durchschauen

Sie glauben nicht, wie oft ich bei Fortbildungen mit der Frage konfrontiert werde, ob eine Lehrkraft Alimente zahlen müsse, falls ein Schüler und eine Schülerin während der Klassenfahrt „erfolgreich" Sex hatten. Diese Befürchtung ist natürlich völliger Unfug, sie gehört aber zu den Sagen und Legenden, die offensichtlich nicht auszurotten sind. Ebenso behaupten viele Menschen immer noch steif und fest, das Stehlen von Lebensmitteln sei „Mundraub". Auch das ist falsch, den Tatbestand des Mundraubs gab es einmal in der Nachkriegszeit, als die Menschen kaum etwas zu essen hatten. Seit über 50 Jahren ist er aus dem Strafrecht verschwun-

Beliebte Legenden

den, nicht aber aus den Köpfen der Leute. So wenig, wie es den Mundraub gibt, müssen Sie Alimente zahlen, falls auf Ihrer Klassenfahrt zufällig ein Kind gezeugt wird.

Um die Ecke gedacht

Sie müssten nur dann zahlen, wenn Sie die Schüler zum ungeschützten Geschlechtsverkehr auffordern oder mitbekommen, wie Jerome gerade dazu ansetzt, mit Chantal zu schlafen, dies aber nicht unterbinden.

Für das, was hinter Ihrem Rücken geschieht, können Sie nicht zur Verantwortung gezogen werden. Sie brauchen also nicht die gesamte Nacht auf dem Flur der Jugendherberge zu verbringen, um ein etwaiges Bäumchen-wechsel-dich zwischen den Zimmern zu verhindern. Sobald alles ruhig ist, das ist allerdings die Voraussetzung, dürfen auch Sie schlafen. Schließlich müssen Sie für den nächsten Tag ausgeruht sein, um die Schüler konzentriert zu beaufsichtigen und ihre Sicherheit zu gewährleisten.

Bei Volljährigen Grenzen festlegen

48

Eines schönen Tages berichtet Johannes Bähre im Lehrerzimmer von einer erstaunlichen Begebenheit, die sich zugetragen hat, als er früher aushilfsweise an einer Berufsschule gearbeitet hat. Dort sind im Abschlussjahr, in dem auch die Kursfahrten stattfinden, etwa 50 % der Schüler bereits volljährig. Auf einer dieser Kursfahrten, die nach Paris ging, trug sich nun Folgendes zu: Am zweiten Tag, kurz vor dem Abendessen in der Jugendherberge, kam ein volljähriger Schüler zum Kollegen Bähre und teilte ihm mit: „Ich hab' hier heute 'ne ganz heiße Schnecke kennen gelernt, bei der ich auch pennen kann. Ich schlaf' also nicht mehr mit euch zusammen, sondern bei ihr. Schließlich bin ich volljährig. Ich weiß auch noch nicht, ob ich morgen früh zum Museum komme." So sprach der Schüler und verabschiedete sich gut gelaunt von der Gruppe. Der Kollege war außer sich, wusste aber nicht, was er machen sollte, denn der Schüler war ja (unbestritten) volljährig. Für Bähre kommt das Folgende leider zu spät, für Sie hoffentlich noch rechtzeitig. Was hat der Kollege falsch gemacht? Und wie können Sie es bei volljährigen Schülern besser machen?

Volljährige Schüler unterliegen dem Irrtum, es gebe für sie eine „Buffetwahl". Sie meinen, sie dürften sich aus dem Gesamtangebot einer Kursfahrt gezielt die Teile herauspicken, die ihnen schmecken – und den Rest lassen sie liegen, also ausfallen. Das geht natürlich nicht, die Schüler müssen schon das ganze Menü essen. Allerdings müssen Sie als Lehrkraft dafür rechtzeitig **präventiv** tätig werden. Zwar können volljährige Schüler selbst entscheiden, ob sie an einer Kursfahrt teilnehmen oder nicht. Entschließen sie sich jedoch, daran teilzunehmen, so sind sie – wie alle anderen – an die Bedingungen gebunden, die Sie als verantwortliche Lehrkraft **vorher festlegen und bekanntgeben**.

Es gibt keine „Buffetwahl" für Schüler

Regeln vorher bekannt geben!

Genau das ist der entscheidende Punkt, den viele Kollegen vernachlässigen, indem sie nur sehr pauschal auf etwaige Regeln eingehen („Das sehen wir dann schon."), weil sie diese für sich selbst noch nicht endgültig festgelegt haben.

Machen Sie es besser und vermeiden Sie späteren Stress. Legen Sie vorher genau die Bedingungen fest, die Sie als verantwortliche Lehrkraft später auch einfordern: Übernachtung in der Gemeinschaftsunterkunft, Besuch der Museen, Regelungen zum Rauchen und zum Alkohol. Einen Formulierungsvorschlag dafür finden Sie im Anhang (Kopiervorlage 5). Denn um es ganz deutlich zu sagen: Diese Regeln werden nicht ausgehandelt, sondern **Sie legen sie fest**. Schließlich gibt es ohne Sie keine Kursfahrt. Und warum sollen Sie zu Bedingungen fahren, die Ihnen nicht gefallen? Sie legen also die Regeln fest. Und dann dürfen Ihre Volljährigen frei entscheiden, ob sie teilnehmen wollen. Wenn ihnen die Regelungen zu restriktiv erscheinen, dann bleiben sie eben zu Hause. So einfach ist das. Wer hingegen teilnehmen will, der unterschreibt Ihre Regeln, so dass quasi ein Vertrag entsteht, an den er sich dann aber auch halten muss.

› Kopiervorlage 5

Sie legen die Regeln fest

Vor Auslandsfahrten informieren

49

Immer mehr Klassen streben bei Klassen- oder Kursfahrten ins Ausland. Dort ist es einfach cooler als in Deutschland, und häufig sind Essen und Alkohol deutlich günstiger als bei uns. Nach außen (Eltern, Schulleitung) werden freilich die Beobachtung von Flora und Fauna des ungarischen Plattensees (Balaton) herausgestellt, die Eingeweihten wissen jedoch, dass es im Wesentlichen darum geht, sich mit dem süffigen Balaton so richtig einen zu ballern.

Andere Länder, andere Gesetze

Allerdings herrschen in fremden Ländern auch fremde Sitten und sogar andere Gesetze, was nicht nur Anna Nass und Peter Sielje, sondern auch Ihnen bewusst ist. Sie wissen natürlich: Jeder, der den Fuß auf fremden Boden setzt, wird nach dem Recht dieses Landes abgeurteilt. Aber die Schüler wissen es meist nicht. Sie glauben in ihrer jugendlichen Naivität, nur weil es McDonald's auf der ganzen Welt gibt, würden überall dieselben Normen gelten.

So gehen sie als Austauschschüler in den USA nachts in eine fremde Garage, um sich etwas zu trinken zu „besorgen". Was ist denn schon dabei? Das sieht der amerikanische Hausbesitzer deutlich enger und greift darum gerne einmal (Castle Doktrin!) zur abgesägten Schrotflinte. Und wer wie einer unserer Mitbürger in der Türkei an einer jungen Engländerin herumfummelt, der sieht auch schon mal (für ein Jahr) ein türkisches Gefängnis von innen.

Hilfe vom Auswärtigen Amt

Was erwartet man nun von Ihnen? Sie müssen Schüler und Eltern auf die (juristischen) Gefahren in fremden Ländern hinweisen. Die wichtigsten Regeln und Verbote erhalten Sie beim Auswärtigen Amt. Diese Informationen reichen Sie an Schüler und Eltern weiter, und diese bestätigen mit ihrer Unterschrift, die Regeln nicht nur gelesen zu haben, sondern sich auch daran zu halten. Wer dann an den antiken Stätten in Ephesus (Türkei) einen Marmorbrocken einsteckt, der geht dafür tatsächlich für zwei bis drei Jahre ins Gefängnis.

Korrekt fotokopieren

50

Die diversen Klassenfahrten des Kollegen Sielje sind endlich vorbei, und er kann sich wieder mit voller Kraft dem regulären Unterricht widmen. Weil das Schulbuch seines Bundeslandes für das anstehende Thema nicht sonderlich geeignet ist, möchte er ergänzend Fotokopien an die Schüler verteilen. Aber er ist unsicher, wie viel er kopieren darf. Zum Glück ist Anna in diesem Bereich ziemlich fit und erklärt ihm: Ganz wichtig ist zu begreifen, was ein kleines Werk und was ein kleiner Teil ist. Dem ist nichts hinzuzufügen, denn die Kollegin Nass hat es auf den Punkt gebracht.

Fotokopien

Fangen wir also an: Wenn Sie irgendwo eine Broschüre finden, die 16 Seiten umfasst, dann dürfen Sie diese vollständig kopieren und an die Schüler verteilen. Denn alles, was unter 20 Seiten liegt, ist ein „kleines Werk".

Das kleine Werk = bis 20 Seiten

Nun wird es komplizierter, denn Sie haben ein großes Werk (Buch mit 200 Seiten), aus dem Sie etwas kopieren wollen. Aus einem solchen großen Werk dürfen Sie immer einen „kleinen Teil" kopieren, den die Gerichte auf etwa 10 % (max. 12 %, allerdings maximal 20 Seiten) festgelegt haben. Aus diesem Buch könnten Sie insgesamt einmal pro Lerngruppe pro Schuljahr einen kleinen Teil kopieren. Aber nicht vergessen: Sie müssen immer die Quelle angeben.

Der kleine Teil = 10 %

Um es konkret zu machen, stellen wir uns als Ihr Thema die Französische Revolution vor. Wenn Ihnen die 20 Seiten aus dem ersten Buch nicht genügen, brauchen Sie nur ein weiteres Werk zu finden, in dem ebenfalls die Französische Revolution behandelt wird, und könnten daraus wieder einen kleinen Teil kopieren. Falls das immer noch nicht reicht, dürften Sie aus einem dritten Werk über die Französische Revolution wieder einen kleinen Teil kopieren. Und da wir in Deutschland in der glücklichen Situation sind, zu den meisten Themen mehr als nur ein Werk zu haben, können Sie mit dieser Regelung eigentlich sehr gut leben.

51 Sicher Digitalisate nutzen

Im Biologieunterricht von Anna Nass steht als nächstes Thema das Schwein auf dem Plan. Die Kollegin hat bereits ein Arbeitsblatt erstellt, das die Schüler bearbeiten sollen. Allerdings fehlt ihr dafür noch das Bild eines Schweins. Und so geht sie nachmittags in eine Bildersammlung des Internets und wird fündig. Das ist genau das Schwein, das sie benötigt, um ihre Ziele zu erreichen. Aber darf sie dieses Schwein überhaupt für ihr Arbeitsblatt nutzen?

Bilder aus dem Internet?

Ja, das darf sie. Sie darf es herauskopieren, in ihr Arbeitsblatt einsetzen, dies kopieren und an die Schüler verteilen – und Sie dürfen das auch. Allerdings müssen Sie bei solchen Digitalisaten immer die **Quelle** angeben, aus der das Bild (oder was auch immer) stammt.

Warum nun dürfen Sie das Bild nutzen? Dafür gibt es gleich zwei Begründungen. Erstens: Das (große) Werk ist die Bildersammlung im Internet, die wir einmal mit 100 Bildern annehmen wollen, um eine runde Zahl zu haben. Von diesem großen Werk dürfen Sie immer einen kleinen Teil kopieren. Sie dürften also nicht nur eines, sondern sogar mehrere Bilder nutzen, aber immer mit Quellenangabe. Zweitens dürfen Sie das Bild nutzen, weil Sie das Ganze ja nicht zu Ihrem Privatvergnügen machen, sondern um den staatlichen Bildungsauftrag optimal umzusetzen. Als Lehrkraft profitieren Sie deshalb vom Bildungsprivileg (§ 52 a UrhG) des Urheberrechts. Sie dürfen also – aus gutem Grund – manchmal mehr als der Durchschnittsbürger.

Immer Quelle angeben!

52 Sicher Videoclips zeigen

Wie viele andere junge Kollegen ist auch Peter Sielje begeistert von den neuen Medien und den Möglichkeiten, die sich der Schule dadurch bieten. Deshalb möchte er seinen Schülern einen Videoclip (Youtube) zeigen, in dem eine korrekte Herzdruckmassage demonstriert wird. Allerdings ist er unschlüssig, ob das zulässig ist. Bevor der Kollege sich den Kopf zermartert, sei ihm und Ihnen gesagt: Das ist zulässig, weil es sich um eine „unkörperliche Wiedergabe“ (technisch „Streamen“) handelt. Bitte nicht wegen dieses eigenartigen Begriffs verzweifeln! Ich erkläre ihn ja gleich, und er hat durchaus seine Berechtigung.

„Unkörperliche Wiedergabe“

Lassen Sie uns einmal davon ausgehen, dass sich in dem Raum, in dem Sie den Videoclip zeigen wollen, ein Computer (mit Internetzugang) und ein Beamer befinden. Was passiert nun, wenn Sie den Videoclip zeigen? Der Computer holt sich aus dem Internet den Videoclip. Dieser saust durch den Rechner, dann durch die Kabel und wird schließlich an die Wand geworfen. Wenn man es genau bedenkt, ist das doch nichts anderes, als wenn Sie mit Ihren Schülern gemeinsam vor dem Monitor des Rechners sitzen. Nur jetzt wird das Bild über den Beamer vergrößert.

„Unkörperlich“ ist die Wiedergabe deshalb, weil Ihre Schüler ja nichts in die Hand bekommen (keinen Ausdruck in Papierform o. Ä.). Auch auf dem Rechner wird nichts länger gespeichert, sondern der Videoclip huscht nur so durch. Daraus folgt: Alles, was Sie streamen können, dürfen Sie auch im Unterricht zeigen, also auch Filme aus den Mediatheken der Fernsehsender.

Achtung!

Allerdings dürfen Sie den Videoclip nicht zu Hause speichern und dann in der Schule zeigen, denn die Speicherung, z. B. auf einem Stick, wäre eine „körperliche“ Fixierung. Und Sie dürfen nichts zeigen, was **offensichtlich** rechtswidrig ist, z. B. den überall angekündigten neuen James-Bond-Film schon vor dem offiziellen Filmstart.

53 Sicher Spielfilme zeigen

Das Weihnachtsfest steht vor der Tür und Anna Nass möchte ihrer Klasse (8a), die sich in letzter Zeit ganz gut verhalten hat, einen kulturell wertvollen Film zeigen, der außerdem einen Bezug zum Weihnachtsfest hat. Also entscheidet sie sich für „Das Leben des Brian", einen Film, den sie sich schon vor Jahren als DVD gekauft hat. In der großen Pause vor der Stunde, in der sie den Film zeigen will, geht sie ins Lehrerzimmer und legt die DVD auf den Tisch. Wie es der böse Zufall will, kommt gerade Johannes Bähre vorbei und fragt, was sie denn mit dem Film vorhabe. Nachdem sie ihm wahrheitsgemäß geantwortet hat, entgegnet er ihr: „Das darfst du nicht. Du darfst keine Spielfilme im Unterricht zeigen, das verstößt gegen das Urheberrecht." Glücklicherweise tritt Peter Sielje hinzu, der sich mit diesem Thema ausgiebig beschäftigt hat, und entgegnet: „Du taube Nuss! Natürlich darf sie das, und wenn du die Ohren aufsperrst, erkläre ich dir auch, weshalb." Bähre rauscht beleidigt von dannen und verpasst deshalb die jetzt folgende Erläuterung. Aber wenn Sie noch dabei sind, dann erfahren Sie jetzt, wann (und warum) Sie bei solchen Filmvorführungen auf der sicheren Seite sind.

Um die Ecke gedacht

Die Schüler sind Ihre Freunde

Ich gebe zu, die juristische Begründung ist für einige von Ihnen vielleicht etwas überraschend. Sie lautet nämlich: Die Schüler sind Ihre Freunde! Jawohl. Vermutlich muss ich das genauer erklären, also los.

Gilt nur im festen Klassenverband

Wenn Sie sich eine DVD mit einem Spielfilm kaufen, dann dürfen Sie diesen Film doch im Familien- oder Freundeskreis zeigen, ohne damit gegen das Urheberrecht zu verstoßen. Richtig? Und genau diese Konstruktion wird jetzt auf den **festen Klassenverband** übertragen. Der wird ebenfalls als Freundeskreis eingestuft, weshalb Sie dort Ihre gekaufte DVD zeigen dürfen.

Achtung!

Privilegiert ist jedoch nur der **feste Klassenverband**, also eine Lerngruppe, die in dieser Zusammensetzung etwa 20 Std. pro Woche zusammen ist. Diese entgegenkommende Einschätzung gilt **noch nicht** für gemischte Klassen, Kurse in der Oberstufe oder Arbeitsgemeinschaften, also Lerngruppen, die vielleicht nur 4 Std. pro Woche in dieser Konstellation zusammen sind. Diese sind (juristisch) leider kein Freundeskreis.

Für derartige Filmvorführungen spielt es keine Rolle, wie viele Stunden **Sie** pro Woche in der Lerngruppe sind, sondern das Entscheidende ist die Zeit, die diese Schülergruppe zusammen verbringt.

Sicher Musik abspielen

54

Unser junges Kollegenpaar wird aufgrund akuten Lehrermangels auch fachfremd eingesetzt. Anna Nass unterrichtet also nicht nur Deutsch, sondern jetzt auch Musik. Die Frage, die sie abends häufig vor dem Einschlafen beschäftigt, dreht sich um die Wiedergabe von Musik in der Schule. Zwar ist sie sich sicher, dass sie im Musikunterricht einzelne Musikstücke ihrer CDs den Schülern zu Gehör bringen kann. Aber wie sieht es im Deutschunterricht aus? Darf sie auch da Musik abspielen?

Veranschaulichung des Unterrichts

Ja, das darf sie immer dann, sofern es der **Veranschaulichung des Unterrichts** dient. Wenn Sie z. B. in Ihrem Deutschunterricht das Thema „Versmaß/Rhythmus" behandeln wollen, könnten Sie problemlos dazu „Das Haus am See" von Peter Fox im Raum erklingen lassen. Das Abspielen der Musik muss also in irgendeiner Weise den Unterricht unterstützen, es darf nicht nur der reinen Unterhaltung dienen.

Damit haben wir einen geschmeidigen Übergang zum gänzlich anderen Abspielen von Musik auf Schulfesten oder vergleichbaren Schulveranstaltungen. Diese Musik dient, wie Sie jetzt bereits ahnen, natürlich nicht der Veranschaulichung des Unterrichts, sondern der reinen Belustigung. Und wenn es sich um eine Veranstaltung (z. B. Schulfest) handelt, zu der im Grunde auch Außenstehende kommen können, müssten für diese öffentliche Veranstaltung GEMA-Gebühren bezahlt werden.

Besteht bereits ein Rahmenvertrag?

Allerdings haben etliche Schulträger bereits Pauschalverträge mit der GEMA geschlossen, die das Abspielen von Musik in einem solchen Rahmen erlauben. Es lohnt sich also, erst beim Schulträger nachzufragen, ob nicht bereits ein solcher Rahmenvertrag besteht, bevor man an die GEMA zahlt.

Vorsicht bei Stadtplänen

55

Unser netter Kollege Sielje ist leider so zuvorkommend, dass er sich dadurch juristisch und finanziell manchmal auf dünnes Eis begibt. In der nächsten Woche möchte er einen Tagesausflug nach Entenhausen unternehmen. Weil er sich als Dienstleister für Schüler und Eltern empfindet, geht er nachmittags an seinen Rechner (zu „stadtplan.de") und druckt sich den Stadtplan von Entenhausen aus. Diesen kopiert er in der Schule und verteilt ihn an seine Schüler. Falls er dabei erwischt wird (und die Chance dafür ist gut), dann kostet ihn das mindestens 1 400 €. Das Maximum, was ein Gericht für einen Stadtplan bislang verhängt hat, lag bei strammen 6 000 €.

Klicks bestimmen die Werbeeinnahmen

Da Sielje und viele andere Kollegen nicht begreifen, was am Kopieren von Stadtplänen so schlimm ist, werde ich es erklären: Das Zauberwort zum Verständnis heißt „Klickrate" und bezieht sich auf das Klicken mit der Taste einer Computermaus. Wir müssen begreifen, dass „Stadtplan.de" kein Wohltätigkeitsverein ist, sondern ein kommerzielles Unternehmen, das Geld verdienen will. Und Geld verdient das Unternehmen über die auf der Seite platzierte Werbung. Je häufiger die Seite angeklickt wird (diese Klicks werden ge-

zählt), desto mehr Geld kann für die Werbung verlangt werden. Wenn der Kollege die Seite nur einmal anklickt, den Ausdruck aber 25-mal in der Schule kopiert, dann wird Stadtplan.de um 25 Klicks betrogen, das ist die wirtschaftliche Schädigung.
Damit ist die Lösung für Sie ganz einfach: Sie müssen den Schülern nur aufgeben, am Nachmittag an den heimischen Computer zu gehen und sich dort den Stadtplan von Entenhausen auszudrucken. Jetzt werden die entsprechenden Seiten (z.B. google maps) 25-mal angeklickt und Sie sind juristisch im grünen Bereich.

Achtung!

Es gibt böse Menschen, jawohl. Diese betreiben Abmahnfirmen, die sich darauf spezialisiert haben, andere Menschen bei Rechtsverstößen zu ertappen. In Zusammenarbeit mit windigen Anwälten werden die Leute verklagt und der Gewinn wird geteilt.

Das ist aber noch nicht alles, denn diese Abmahnfirmen setzen sogar Privatdetektive ein, die sich in den Großstädten herumtreiben, vorzugsweise kurz vor den Sommerferien oder wenn Weihnachtsmarkt ist. Diese Detektive erkennen eine Schülergruppe sofort, sprechen sie an, horchen sie aus („Wie heißt denn euer Lehrer?“) und zwei Wochen später haben Sie die Klage auf dem Tisch. So läuft das.

56 Eigenes Urheberrecht sichern

Die Lehrbücher im Bundesland unserer Musterschule sind nicht schlecht, allerdings auch nicht optimal. Deshalb entscheidet sich Anna Nass, Arbeitsblätter oder Merkblätter zu wichtigen Bereichen (Kommasetzung) selbst zu entwerfen. Mit diesen Arbeitsblättern ist nicht nur sie sehr zufrieden, auch die Schüler finden sie gut, weil sie kurz und verständlich sind. Für die Klassenarbeiten nimmt die Kollegin eben-

Selbst erstellte Arbeitsblätter?

falls nicht irgendwelche Vorlagen, die man im Internet findet, sondern sie erstellt eigenhändig maßgeschneiderte Klassenarbeiten für ihre Lerngruppen.

Das geht schon eine ganze Zeit so, und alle sind zufrieden, was sich jedoch eines Tages schlagartig ändert. An diesem Tag erzählt ihr nämlich Jacqueline, die bei der Nachhilfeorganisation „Wenig Arbeit – gute Noten" ihre Hausaufgaben anfertigt, dass man dort mit den Klassenarbeiten und Arbeitsblättern der Kollegin Nass arbeitet. Anna ist sauer. Sie gibt gerne einmal einem anderen Kollegen eins ihrer Arbeitsblätter, solange der sich nicht mit fremden Federn schmückt und es als sein eigenes ausgibt. Aber dass ein kommerzielles Nachhilfeinstitut ihre „Werke" ungefragt verwendet, das geht entschieden zu weit.

Es ist tatsächlich so, dass in vielen Städten clevere Nachhilfeinstitute die Arbeitsblätter, vor allem aber die Klassenarbeiten der jeweiligen Lehrkräfte am Ort sammeln und zur gezielten Vorbereitung einsetzen. Da wird gefragt, bei wem der Schüler denn Unterricht hat und wenn er „Frau Nass" sagt, wird der entsprechende Ordner aus dem Regal gezogen, in dem sich die kopierten Klassenarbeiten der Kollegin befinden.

Falls Sie ebenfalls Arbeitsblätter und Klassenarbeiten selbst entwickeln und vermuten, man würde sie hinter Ihrem Rücken kopieren, sollten Sie Ihr Urheberrecht sichern. Schließlich sind Sie der Schöpfer dieses Werkes.

Achtung!

Anders ist die Situation, sobald Sie **im dienstlichen Auftrag** für Ihre Schule „Werke" erstellen, z. B. Abiturvorschläge, Vorschläge für mündliche Prüfungen oder Protokolle von Konferenzen. Dann wird der Dienstherr (quasi als Arbeitgeber) juristisch Eigentümer der Werke.

Entwerfen Sie jedoch freiwillig ein Arbeitsblatt, darf es nicht ohne Ihre Zustimmung vervielfältigt werden, schon gar nicht durch ein kommerzielles Nachhilfeinstitut. Allerdings reden sich viele Institute damit heraus, sie hätten nicht gewusst, wer dieses Arbeitsblatt oder diese Klassenarbeit entworfen hat.

Gleich mal ausprobieren

Dem können Sie ganz einfach einen Riegel vorschieben, indem Sie unter Ihre Klassenarbeiten/Arbeitsblätter schreiben: „Jede Vervielfältigung ohne ausdrückliche Zustimmung des Autors ist verboten". Dann setzen Sie noch das Copyright-Zeichen sowie Ihre Adresse (oder Telefonnummer) darunter. Nun kann niemand mehr behaupten, er habe nicht gewusst, an wen er das Geld für die Nutzung Ihres Werkes schicken solle.

Copyright-Zeichen einsetzen

Schulische „Verträge" einordnen

57

An unserer Schule befindet sich auch, Sie erinnern sich, die Kollegin Mietze Schindler, die sich bei der nächsten Lehrerkonferenz publikumswirksam einbringt. Sie hat für die immer wieder auftretenden Disziplinprobleme ein – wie es scheint – geniales Konzept: Man möge doch mit den Schülern einen Vertrag schließen, in dem diese unterschreiben, dass sie in den Pausen nicht das Schulgrundstück verlassen, nicht heimlich rauchen und es unterlassen, andere Schüler zu schlagen. Das Ziel sei, in dem Vertrag viele Verhaltensweisen aufzulisten, die zwar schon in der Schulordnung stehen, aber da es sich ja um einen Vertrag handelt, sind die Schüler deutlich stärker daran gebunden.

Disziplin per Vertrag?

Nun, das kann man glauben – oder auch nicht. Genau über diesen Punkt führen Anna Nass und Peter Sielje abends in der nahegelegenen Pizzeria ein intensives Gespräch. Während Anna an die Wirksamkeit eines solchen Vertrages glaubt, hat Peter aber seine Bedenken.

Um es gleich vorwegzunehmen: Bei der dynamischen Kollegin Schindler liegt ein grundlegender, allerdings weit verbreiteter Denkfehler vor: Schaut man sich die großen Rechtsgebiete an, so gibt es einmal Bereiche, in denen zwei

Vertragsrecht ist verhandelbar

Parteien frei etwas vereinbaren können (ius dispositivum), z. B. das Vertragsrecht im BGB. Beide Partner verhandeln quasi gleichberechtigt, einigen sich irgendwann und unterzeichnen dann einen Vertrag.

Daneben aber gibt es das Öffentliche Recht, zu dem das Strafrecht und auch das Schulrecht gehören. Hier verhandeln nicht zwei gleichberechtigte Partner, sondern der Staat legt bestimmte Dinge fest, die von seinen Bürgern eingehalten werden müssen. So hart, so klar, so einfach ist das. Diese Bereiche bezeichnen Juristen als „zwingendes Recht“ (ius cogens). Da auch das Schulrecht zum zwingenden Recht gehört, kann hier nichts über einen Vertrag vereinbart werden.

Öffentliches Recht ist nicht verhandelbar

Um die Ecke gedacht

Was wäre denn, wenn ein Schüler sich **weigern** würde, den vorgelegten „Vertrag“ zu unterschreiben? Dürfte er dann rauchen oder das Schulgrundstück verlassen? Natürlich nicht. Und: Kann man ihn zwingen, die (freiwillige) Vereinbarung zu unterschreiben? Natürlich nicht.

Daraus folgt: Bestimmte Regeln gelten in der Schule per se, und zwar selbst dann, wenn die Schüler ihnen nicht zustimmen. Problematisch erscheint mir an solchen „Verträgen“, dass sie bei Schülern und Eltern den (falschen) Eindruck erwecken, man müsse bestimmten Regeln erst zustimmen, damit sie danach gelten. Wenn das so wäre, dürfte jeder mit dem Auto fahren, wie er will, solange er nicht über einen Vertrag den Verkehrsregeln zugestimmt hat. Das ist intellektuell schon hart am Wind gesegelt.

Es bleibt Ihnen unbenommen, an Ihrer Schule trotzdem solche – juristisch unwirksamen – „Verträge“ erstellen und unterschreiben zu lassen. Das ist „unschädlich“, wie die Juristen es nennen, d. h. es schadet nicht. Allerdings sollten Sie sich auch nicht allzu viel davon versprechen, denn einklagen können Sie solche Verträge nicht. Das müssen Sie aber auch nicht, weil es ja die Schulordnung gibt – und die gilt selbst dann, wenn Schüler sie nicht unterschreiben, weil sie nämlich staatliches, zwingendes Recht darstellt.

58

In letzter Zeit durfte Anna Nass erfahren, wie selbstbewusst nicht nur die heutigen Eltern, sondern auch deren Kinder, unsere Schüler, geworden sind. Wozu sie keine Lust haben, das machen sie nicht („Das ist langweilig!"), und wenn es keine Rundumbespaßung gibt, reagieren sie ungehalten („Mir ist langweilig!"). Mit diesen oder ähnlichen Äußerungen hat sich die Kollegin bereits abgefunden, aber das, was sie gleich hören wird, hat eine neue Qualität. Nachdem sie Jerome-Maurice mehrfach angewiesen hat, sich doch endlich dem Arbeitsblatt zu widmen, entgegnet dieser: „Sie haben mir gar nichts zu sagen!". Der Kollegin verschlägt es die Sprache. Im Lehrerzimmer erfährt sie allerdings, dass Derartiges wohl häufiger vorkommt, denn andere Kollegen durften sich ebenfalls schon solch selbstbewusste Äußerungen anhören. Zurück zu Jerome. Er hat seine Behauptung zwar mit großer Überzeugung vorgetragen, was aber nichts daran ändert, dass seine Aussage schlichtweg falsch ist.

Sie sind weisungsbefugt

Sie sollten wissen: Als Lehrkraft sind Sie den Schülern gegenüber weisungsbefugt, ja, Sie sind weisungsberechtigt. Das kann man gar nicht deutlich genug herausstellen, weil es an einigen Ausbildungsseminaren nur so nebenbei (wenn überhaupt) erwähnt wird. Dort meint man, die Schüler sollten ausschließlich intrinsisch motiviert werden, mit Freude Vokabeln oder Grammatik zu lernen. Ich gebe ja gerne zu, dass dies der optimale Weg wäre. Was aber, wenn die Schüler nicht auf das Unterrichtsthema anspringen? Dann wird es trotzdem gemacht, und zwar **weil Sie es so anordnen.** Und das dürfen Sie auch.

Früher war die Weisungsbefugnis der Lehrkräfte so unbestritten, dass man sie in den Schulgesetzen nicht einmal erwähnen musste, denn jeder kannte und akzeptierte sie. Heute, bei einer gewandelten Einstellung zur Schule, wäre es ausgesprochen sinnvoll, sie in den Schulgesetzen zumindest einmal kurz zu erwähnen. Das würde den Lehrkräften in Bezug auf selbstbewusste Schüler und ihre noch selbstbewussteren Eltern einiges erleichtern.

59 Grundrechte richtig einschränken

In der Klasse von Peter Sielje ist ein neuer Schüler (Marvin), der zwei Klassen wiederholt hat und deshalb merklich älter ist. Auch scheint er von einer Schule zu kommen, an der alles viel lockerer läuft als an unserer fiktiven Schule. Und so staunt Sielje nicht schlecht, als er den Klassenraum betritt: Marvin sitzt am Tisch und trägt eine Baseballkappe (mit dem Schirm zur Seite) auf dem Kopf. Nachdem der Kollege den Schüler erfolglos gebeten hat, die Kappe abzunehmen, wird sein Ton etwas schärfer und er gibt ihm die Anweisung, die Kappe abzunehmen. Marvin jedoch lässt sich die Butter nicht vom Brot nehmen und entgegnet: „Ich möchte einmal ein berühmter Rapper werden, und dazu muss man die Baseballkappe mit dem Schirm zur Seite tragen. Und wenn Sie mir jetzt die Anweisung geben, die Kappe abzunehmen, dann greifen Sie unzulässig in meine freie Persönlichkeitsentfaltung ein, die durch Art. 2 I GG geschützt ist!"

Während Sie vielleicht überrascht sind, dass Marvin sogar Nebensätze konstruieren kann, so ist Sielje es wegen des inhaltlichen Arguments (Grundgesetz! Wow!).

Auch Grundrechte können beschränkt werden

Aber wie sagen die Juristen so treffend: Wer keine präzisere Rechtsnorm kennt, der zieht einfach das Grundgesetz heran, das passt (fast) immer. Allerdings unterliegen Schüler (und Eltern) dem weit verbreiteten Irrtum, man dürfe Grundrechte nicht einschränken. Doch, das dürfen Sie, und zwar unter zwei Bedingungen: Erstens darf der Kernbereich des Grundrechts nicht zerstört werden und zweitens braucht man für den Eingriff eine gesetzliche Grundlage. Spielen wir das an unserem Beispiel einmal durch.

Erstens: Die von Marvin angestrebte Entwicklung zu einem baseballkappetragenden Rapper wird nicht zerstört, weil Sie ihm natürlich nicht generell verbieten, eine Baseballkappe zu tragen. Ihre Anweisung gilt ja nur für Ihren Unterricht, in seiner Freizeit kann Marvin die Baseballkappe nicht nur tragen, sondern sogar mit ihr schlafen. Zweitens geben Sie die Anweisung ja nicht, um den Schüler zu ärgern, sondern weil Sie ihm gesellschaftliche Normen beibringen (keine

Kopfbedeckung in geschlossenen Räumen), die er vielleicht nicht kennt. Das, was Sie machen, ist folglich Ausfluss Ihres (gesetzlich verbrieften) schulischen Erziehungsrechts.

Störende Schüler umsetzen

60

Die Kollegin Nass in ihrer unermesslichen Güte hat leider zum Beginn des Schuljahres einen fatalen Fehler gemacht. Sie hat die Schüler sich selbst ihre Plätze im Klassenraum aussuchen lassen, obwohl sie als Lehrkraft die Sitzordnung bestimmen darf. Da sie sich jedoch für die entgegenkommende Variante entschieden hat, bewahrheitet sich der Satz: „Gleich und Gleich gesellt sich gern." Nicht nur die Braven, Fleißigen setzen sich zusammen, sondern auch die anderen, deren Charakter wir hier nicht genauer beschreiben müssen. Die Folge dieser Gruppenbildung ist jeder Lehrkraft klar: Immer wieder stören bestimmte Schüler den Unterricht, eben weil sie direkt nebeneinander sitzen. Vor allem Sascha-Pascal zeichnet sich dadurch aus, dass von ihm immer wieder Störungen ausgehen. Irgendwann reicht es Anna und sie verweist Sascha an einen Extratisch in der Ecke des Raumes. Der Schüler befolgt zwar murrend die Anweisung, aber das Ganze ist noch nicht vorüber. Denn nachmittags erhält die Kollegin einen empörten Anruf der Eltern: Wie habe sie es wagen können, Sascha aus seiner gewohnten Umgebung herauszureißen? Der arme Junge sitze jetzt weinend zu Hause und zweifle am Sinn des Lebens. Denn wenn in der Schule so tiefe Freundschaften grausam zerrissen würden, mache das Leben eigentlich keinen Sinn mehr. Auf jeden Fall sei er schwer traumatisiert und habe jetzt eine ganz tiefsitzende Angst, wieder zur Schule zu gehen.
Der langen Rede kurzer Sinn: Die Lehrerin soll umgehend die Maßnahme zurücknehmen. Das muss sie nicht. Denn sowohl Anna als auch Sie dürfen störende Schüler getrost umsetzen, weil es ein geeignetes pädagogisches Mittel ist, um Störungen zu unterbinden. Das sage nicht nur ich, sondern

Sie dürfen Schüler umsetzen

auch das Gericht, vor dem übersensible Eltern geklagt hatten und die von diesem (in gesetzten Worten) eine Abfuhr bekamen, die sich gewaschen hatte. Zögern Sie also nicht, sondern setzen Sie störende Schüler an einen anderen Platz. Das ist nicht nur wirkungsvoll, sondern rechtlich sogar erlaubt.

61 Störer aus dem Raum schicken

Im Sinne meines Worst-Case-Szenarios lassen wir einmal Sascha-Pascal im Unterricht der Kollegin Nass beratungsresistent sein, denn auch so etwas gibt es ja leider. Sascha stört also weiter von seinem Extratisch. Manchmal ruft er witzige Bemerkungen in den Raum, manchmal lacht er (ohne Grund) erschreckend laut und manchmal gibt er grunzende Geräusche von sich, für die er sich hinterher jedoch immer entschuldigt.

Irgendwann reicht es der Kollegin. Sie warnt den Schüler, dass er bei der nächsten Störung den Raum verlassen müsse. Als Sascha trotzdem wieder stört, um die Konsequenz der Kollegin zu testen, verweist sie ihn des Klassenraumes und fordert ihn auf, so lange vor der Tür zu warten, bis sie ihn wieder hineinruft. Da sie jedoch mit Saschas Eltern schon einige unangenehme Gespräche führen durfte, fragt sie sich, was wohl auf sie zukommen wird. Ist diese Maßnahme juristisch zulässig, obwohl der Schüler ja unbeaufsichtigt ist?

Störer aus dem Raum schicken ist zulässig

In den meisten Fällen ist ein solches Vorgehen rechtlich nicht zu beanstanden. Jede Lehrkraft, also auch Sie, darf störende Schüler aus dem Klassenraum schicken.

Achtung!

Allerdings gibt es zwei wichtige Einschränkungen: Zum einen bei Grundschülern, zum anderen bei Schülern mit Verhaltensstörungen, also ADHS oder ähnlichen Auffälligkeiten.

Diese Schüler dürfen Sie zwar ebenfalls aus dem Raum schicken, aber sie müssen enger geführt, enger kontrolliert werden. Sie müssen ins Sekretariat oder in einen Betreuungsraum geschickt werden oder sie müssen durch die halb geöffnete Tür sichtbar bleiben. Oder aber Sie lassen den Schüler von außen die Türklinke herunterdrücken.

Notfalls enger kontrollieren

Schultaschen auspacken lassen

62

Es ist Vorweihnachtszeit und Peter Sielje lässt mit seiner 6. Klasse Fensterbilder ausschneiden, die mit farbigem Transparentpapier hinterklebt werden. Dazu hat er 25 Scheren aus dem Schrank der Kunstlehrer geholt und sie an die Schüler verteilt. Die Schüler schnippeln voller Begeisterung und die Zeit verfliegt im Nu. Das Ende der Doppelstunde naht, weshalb Sielje die Schüler auffordert, die ausgeliehenen Scheren wieder in den Scherenständer zu stellen. Das tun auch die meisten, so dass schließlich 24 Scheren in dem Ständer sind. Eine Schere fehlt allerdings, da ist sich der Kollege ganz sicher, weil er nämlich vorher noch einmal gezählt hat. Einer der Schüler hat offensichtlich eine Schere eingesteckt, aus welchem Grund auch immer. Sielje hat Jerome-Maurice im Verdacht, aber keinen Beweis. Er bittet die Schüler, noch einmal unter den Tischen und auf den Fensterbänken nachzusehen, ob dort die fehlende Schere liegt. Ohne Erfolg.

Die verschwundene Schere

Dann fordert er die Schüler auf zu überprüfen, ob nicht einer von ihnen aus Versehen die Schere eingesteckt hat, denn auch das kann natürlich passieren. Dieser Aufforderung kommen die Schüler mit recht unterschiedlicher Intensität nach: Einige schauen gründlich in ihrer Tasche nach, andere klappen nur kurz den Deckel auf, schauen rein, klappen den Deckel wieder zu und schütteln den Kopf. Nun ist für Sielje klar: Es handelt sich nicht um ein Versehen, sondern einer der Schüler hat die Schere offensichtlich eingesteckt, um sie zu behalten. Am liebsten würde Sielje die Schultaschen so-

Verdacht: Diebstahl

fort durchsuchen, aber das ist (leider) nicht zulässig. Solche Durchsuchungen darf nur die Polizei durchführen.

Gleich mal ausprobieren

Sie können allerdings den Trick geschickter Kaufhausdetektive anwenden, die ebenso wenig die Taschen von Verdächtigen durchsuchen dürfen. Geben Sie also den Schülern in scharfem Ton die Anweisung, ihre Schultaschen (Selber!) auszupacken.

Folgen die Schüler der Anweisung, dann haben sie es ja freiwillig getan. Falls sich ein Schüler jedoch weigert, weil seine Eltern ihn über die wichtigen Dinge des Lebens aufgeklärt haben, können Sie die Polizei rufen, denn die darf die Taschen durchsuchen. Wenn Sie diese harte Maßnahme wirklich überzeugend ankündigen, wird sich vermutlich ein Schüler jetzt doch daran erinnern, „aus Versehen" eine Schere eingesteckt zu haben.

Feinheiten der Nothilfe kennen

63

Ein Schüler schlägt einen anderen

Der unangenehme Tag von Anna Nass ist leider noch nicht zu Ende. Hätte sie geahnt, was gleich auf sie zukommt, hätte sie sich wahrscheinlich krank gemeldet und wäre nach Hause gegangen. So aber geht sie nichtsahnend auf den Pausenhof, um dort ihre Aufsicht wahrzunehmen. Doch was sie dort sieht, mag sie kaum glauben: Der große, kräftige Jerome-Maurice ist gerade dabei, auf den kleinen Lukas einzuschlagen, der bereits auf dem Boden liegt. Die Kollegin eilt hinzu und ruft, Jerome solle aufhören. Mit einer Hand würgt er Lukas, mit der anderen drischt er weiter auf ihn ein. Anna erhebt ihre Stimme und schreit jetzt so laut, dass man es auf dem gesamten Schulhof hören kann. Keine Reaktion, denn Jerome ist wie in einem Rausch, der wohl nicht zu stoppen ist. Lukas hat nicht nur bereits eine blutende aufgeplatzte

Lippe, sondern läuft jetzt auch noch blau an. In dieser Situation weiß sich die Kollegin nicht mehr zu helfen und gibt Jerome eine kräftige Ohrfeige. Der lässt verdutzt von Lukas ab und trollt sich. Im Weggehen dreht er sich aber noch einmal um und ruft drohend: „Das werden Sie büßen, Sie hören von unserem Anwalt!"

Die Drohung mit einem Anwalt erscheint der Kollegin zunächst als Bluff, bei genauerer Überlegung wird ihr jedoch klar, dass konfliktbereite Leute wie Jeromes Eltern tatsächlich häufig einen Anwalt benötigen. So ist es denn keine Überraschung, als wenige Tage später ein Anwaltsschreiben auf dem Tisch der Schulleitung landet, in dem der Kollegin Nass Körperverletzung (im Amt, § 340 StGB) vorgeworfen wird. Klären wir die Angelegenheit: Hat Anna Nass eine Körperverletzung begangen? Ja, denn eine Ohrfeige ist die mildeste Form der Körperverletzung. Aber wird sie dafür bestraft? Nein, weil sie nämlich in Nothilfe gehandelt hat.

Körperverletzung kann gerechtfertigt sein

Da auch Sie in eine ähnliche Situation geraten können, ist es ratsam zu verstehen, was sich hinter der „Nothilfe" verbirgt. Sie kennen natürlich den Begriff der Notwehr, die besagt, dass man sich mit Gewalt zur Wehr setzen kann, sobald man angegriffen wird. Im Notwehrparagraphen, der zweimal existiert (§ 32 StGB und § 227 BGB) tauchen – leicht zu übersehen – drei kleine Wörter auf: „oder einem anderen". Sie beschreiben und rechtfertigen die sog. Nothilfe. Das bedeutet: Sie dürfen nicht nur körperliche Gewalt anwenden, um sich selbst zu schützen, sondern Sie dürfen auch in der Schule körperliche Gewalt als letztes Mittel einsetzen, um einen Schüler vor dem Angriff eines anderen zu schützen.

Gewalteinsatz, um andere zu schützen

Cybermobbing wirksam begegnen

64

Die Klasse von Peter Sielje ist eine ausgesprochen muntere, immer zu Scherzen aufgelegte Truppe. Der Spaß, den die Schüler jetzt planen, ist ganz besonders witzig: Sie wollen den Kollegen Sielje dazu bringen, sich wie wild zu gebärden und ihn heimlich dabei filmen. Eine tolle Idee! Dafür wollen einige der Jungen (dreimal dürfen Sie raten, wer) sich auf dem Boden wälzen und so tun, als würden sie sich fürchterlich prügeln. Sobald der Kollege wegen der vermeintlichen Schlägerei ausrastet, wird er gefilmt.

Genauso geschieht es. Sielje betritt den Raum und versucht, die vermeintliche Prügelei zu stoppen. Da die Schüler jedoch nicht darauf reagieren, brüllt er irgendwann wie ein Stier. Diese Szene wird von Chantal gefilmt, später an Jerome-Maurice (beide 15 Jahre alt) weitergeleitet und steht zwei Tage später bei Youtube im Internet.

Irgendjemand erzählt Sielje davon. Dem gefällt das gar nicht und er überlegt, was er dagegen unternehmen kann. Damit leiten wir zu Ihnen über, denn auch Sie wollen vielleicht wissen, wie Sie sich erfolgreich gegen solche Verunglimpfungen wehren können. Sie auf solche Art und Weise vorzuführen, ist strafrechtlich mindestens eine Beleidigung (§ 185 StGB), die Sie nicht hinzunehmen brauchen. Deshalb könnten Sie einen Strafantrag stellen, der vom Dienstvorgesetzten unterstützt werden kann, da Sie ja nicht als Privatperson, sondern als „Amtsträger" beleidigt wurden.

Als „Amtsträger" beleidigt

Letzteres hat für den Staatsanwalt eine ganz andere Qualität, weil jetzt ein öffentliches Interesse besteht. Es wird also ermittelt und herausgefunden, dass das diskriminierende Video von Jeromes Rechner aus gestartet wurde. Weil Jerome in unserem Beispiel über 14 Jahre alt ist, ist er strafmündig und würde nach Jugendstrafrecht verurteilt (ca. vier Std. Sozialarbeit). Viel wirksamer ist allerdings der (weniger bekannte) Weg über das Zivilrecht, der gleich zwei Vorteile hat: Zum einen erwischt man damit auch diejenigen, die unter 14 Jahren liegen, zum anderen kostet das richtig Geld und beeindruckt den Schüler deshalb viel mehr.

Wirksamer ist das Zivilrecht

65 Die Handy-Regeln kennen

An der Schule von Anna Nass gibt es in letzter Zeit immer wieder Schwierigkeiten mit Schülern und deren Handys. Denn diese Dinger üben eine so starke Anziehungskraft aus, dass die Schüler sich in jeder freien Minute, aber ebenso während des Unterrichts, damit beschäftigen. Die Kollegen reagieren dummerweise sehr unterschiedlich darauf, was die Sache nicht einfacher macht. Einige ermahnen nur, andere ziehen das Handy ein und geben es am Ende der Stunde zurück, andere erst am Ende des Tages, wieder andere erst einige Tage später.

Es gibt also nicht nur großen Unmut, sondern auch große Unsicherheit, wie man mit dem Problem umgeht. Aus diesem Grund wird eine Dienstbesprechung einberufen, auf der die Regeln für den Umgang mit Handys festgelegt werden sollen.

Das könnte auch an Ihrer Schule irgendwann einmal der Fall sein. Deshalb ist es sinnvoll, vorab zu erfahren, was eine Schule rechtlich darf – und was nicht: Sie dürfen immer festlegen: Die Handys sind während des Unterrichts ausgeschaltet und in der Tasche verstaut. Das ist gar kein Problem und könnte sogar in der Schulordnung stehen.

Handys sind ausgeschaltet und verstaut

Nun kommt die nächste Stufe: Wenn es an Ihrer Schule in den Pausen Missbrauch mit dem Handy gab (Schüler haben Pornos geguckt oder Mitschüler auf der Toilette gefilmt), kann die Schule die Handynutzung auch in den Pausen grundsätzlich verbieten bzw. nur in einem kleinen, abgegrenzten Bereich zulassen, der besonders beaufsichtigt wird.

Missbrauch in den Pausen?

In der letzten Stufe, die ich manchmal als Vorschlag höre, wird vorgeschlagen, den Schülern zu verbieten, das Handy mit zur Schule zu bringen. Das ist rechtlich nicht haltbar, weil das Handy objektiv eine gute Möglichkeit ist, im Notfall Hilfe herbeizuholen oder die Eltern von unterwegs zu informieren.

Störende Handys richtig einziehen

66

› Tipp 65

Obwohl heute schon fast jeder Schüler ein Smartphone besitzt, bleibe ich beim „Handy". Der Begriff ist kürzer und jeder versteht darunter auch die aktuellen Smartphones.

An unserer fiktiven Schule gibt es eine Schulordnung, in der festgelegt ist, dass während des Unterrichts die Handys ausgeschaltet und (ganz wichtig!) in einer Tasche verstaut sind. Auf diese Weise brauchen die Kollegen sich nicht immer wieder mit einzelnen Schülern auseinanderzusetzen, sondern können schlicht auf die Schulordnung verweisen – und sie im Notfall abschreiben lassen.

Trotz dieser Regelung in der Schulordnung erwischt die Kollegin Nass eine Schülerin (Chantal) dabei, wie sie im Unterricht hinter der Federtasche mit dem Handy im Internet surft oder chattet. Das empfindet die Kollegin zum einen als persönliche Missachtung, weil sie sich redlich bemüht, einen interessanten Unterricht zu gestalten. Zum anderen fragt sie sich, was sie in dieser Situation denn (rechtlich abgesichert) unternehmen darf.

Die Antwort, die sich zugleich an Sie richtet, lautet: Sie dürfen alle Gegenstände, die Ihren Unterricht stören, vorübergehend einziehen, also auch das eingeschaltete Handy. Damit kommen wir zur nächsten Frage: Wer bekommt eigentlich das Handy wann zurück? Die Schülerin bekommt es zurück, und zwar am Ende des Unterrichtstages. Durch meine Fortbildungen weiß ich, dass einige Schulen das Handy nicht direkt dem Schüler zurückgeben, sondern dafür die Eltern einbestellen. Ich bin ja grundsätzlich auf Ihrer Seite, aber rechtlich belastbar ist das nicht. Wenn Ihre Eltern das mitmachen, sollten Sie sich freuen, sich aber nicht darauf versteifen, falls es Protest gibt. Wenn es ein Messer wäre, das Sie einem Schüler abnehmen, dann müssten Sie das nicht dem Schüler zurückgeben, sondern könnten (und sollten) dafür die Eltern antanzen lassen. Ein Handy ist jedoch kein gefährlicher Gegenstand – und es ist Eigentum des Schülers. Deshalb bekommt er es direkt zurück, und zwar nicht erst einige Tage später, sondern am Ende des Schultages.

Handy zurück am Ende des Unterrichtstages

67

An unserer kleinen Schule findet nicht nur eine Dienstbesprechung statt, sondern kurz danach außerdem eine Klassenkonferenz, bei der es um eine mögliche Ordnungsmaßnahme gegen Jerome-Maurice geht. Als Klassenlehrer leitet Peter Sielje die Konferenz, aber auch die Schulleitung ist bei dieser wichtigen Veranstaltung dabei, um etwaige Verfahrensfehler zu vermeiden. Eigentlich kann Sielje gut auf die Anwesenheit des Schulleiters Rotte verzichten, in diesem Fall ist es allerdings eine Erleichterung. Denn wenn die Schulleitung ihm auf die Finger schaut, ist sie letztlich mitverantwortlich, wenn falsche Entscheidungen gefällt werden.

Bei dem zu verhandelnden Fall geht es um Folgendes: Der brave, zierliche Lukas behauptet, Jerome habe ihn unter einem Vorwand hinter das Schulgebäude gelockt und dort verprügelt. Jerome bestreitet die Tat, für die es leider keine Augenzeugen gibt. Er erklärt, Lukas habe ihn angegriffen und er habe sich wehren müssen, wobei sich Lukas dann seine Verletzungen zugezogen habe.

An dieser Stelle schaltet sich Johannes Bähre ein, unser penetranter Besserwisser, und bemerkt mit wichtiger Miene: „Tja, da kann man wohl nichts machen. Da steht nämlich Aussage gegen Aussage. Oder, wie der Lateiner sagt: „In dubio pro reo!““ Ich widerspreche dem forschen Kollegen Bähre mit seinem juristischen Halbwissen ja nur ungern, aber hier irrt er, vermutlich weil er beim Strafprozessrecht nicht richtig aufgepasst hat.

Kein Ausweg bei Aussage gegen Aussage?

Sie aber erfahren jetzt, wann Sie nichts machen können und wann doch: Nur wenn die Glaubwürdigkeit der beiden Parteien gleich groß ist, gilt der Satz „in dubio pro reo“ (im Zweifel für den Angeklagten) und Sie können, weil Aussage gegen Aussage steht, nicht verurteilen. In dem Moment jedoch, wo es Indizien für eine größere oder geringere Glaubwürdigkeit gibt, dürfen Sie die auch berücksichtigen. Das machen die Gerichte jeden Tag. Sie versuchen immer, erst einmal die Glaubwürdigkeit der beiden Parteien einzuschätzen. Da es

Glaubwürdigkeit bewerten

sich bei Jerome um einen großen, kräftigen Jungen handelt, der schon mehrfach dadurch aufgefallen ist, wie er Mitschüler geärgert, geschubst oder geschlagen hat, haben wir nicht die gleiche Glaubwürdigkeit.
Sie dürften in einem solchen Fall der Aussage des braven Lukas problemlos eine höhere Bedeutung beimessen als der von Jerome.

Nicht strafen, sondern erziehen

68

Wie Sie wissen, unterrichtet Anna Nass auch Kunst (Linolschnitt, Tipp 33). Gerade lässt sie aus Ton kleine Giacometti-Männchen herstellen. Kurz vor Ende des Unterrichts geht sie in den gegenüberliegenden Lagerraum, um dort noch ein wenig aufzuräumen. Als sie wieder den Kunstraum betritt, gefriert ihr das Blut in den Adern: Überall an der Wand, z. T. auch an der Decke, kleben lauter kleine Tonklumpen, mit denen die Schüler sich beworfen, leider aber nicht immer getroffen haben. Als die Kollegin auf ihre Frage „Wer war das?" keine ergiebige Antwort bekommt, erklärt sie den Schülern, dass sie niemanden aus dem Raum lässt, bevor dieser nicht gesäubert ist. Die Schüler maulen zwar zuerst, fangen dann aber an, den Raum zu säubern, was etwa 20 Minuten dauert. Erst danach dürfen die Schüler nach Hause, die Schulleitung erhält aber wütende Beschwerden von Seiten der Eltern wegen dieser kollektiven Maßnahme, die auch „unschuldige" Schüler getroffen habe. Die Schule beharrt auf der Rechtmäßigkeit von Annas Maßnahme, weshalb die Sache schließlich vor Gericht kommt (Verzeichnis wichtiger Urteile, Nr. 6).

Kollektivstrafe?

› Verzeichnis wichtiger Urteile, Nr. 6

Um Sie nicht unnötig auf die Folter zu spannen, sei gesagt: Das Gericht hat die Entscheidung der Lehrkraft als rechtmäßig bestätigt, und zwar mit einer zentralen Begründung, die auch Sie nutzen können: Es mag ja sein, dass einige Schüler nicht geworfen haben. Aber diese Schüler haben durch ihr Schweigen das Handeln der anderen gedeckt und mitgetragen, so dass auch sie sich diesen Verstoß anrechnen lassen müssen.

SOS-Tipp

Verwenden Sie bei solchen Maßnahmen nie den Begriff der „Strafe", denn die Schule darf nicht strafen. Sie darf erziehen oder Ordnungsmaßnahmen verhängen, nie aber „strafen". Jeder mittelprächtige Anwalt eines Schülers würde – allein wegen des falschen Begriffes – die getroffene Maßnahme zum Scheitern bringen.

69 Aufreizende Kleidung verbieten

Der Sommer ist mit angenehmen Temperaturen da, und die Kleidung der Mädchen wird immer luftiger. Besonders Chantal und Jacqueline zeichnen sich durch große Freizügigkeit aus. Sie tragen nicht nur bauchfreie Tops, unter denen man ihren gepiercten Bauchnabel bewundern kann, sondern zeigen durch großzügige Décolletés auch gerne ihren Busen, manchmal sogar ohne BH. Das soll die Jungs der Schule anmachen und bei den männlichen Lehrkräften für bessere Noten sorgen. Ob die Idee mit den besseren Noten funktioniert, darüber gehen die Meinungen auseinander, einig ist man sich jedoch darüber, dass es stört. Es stört nämlich nicht nur die Kolleginnen, sondern auch die Kollegen und, man glaubt es kaum, sogar die Schüler. Sogar sie empfinden die aufreizende Kleidung während der Schulzeit als unpassend.

Damit wenden wir uns Ihnen und Ihren Möglichkeiten zu, die Sie an Ihrer Schule haben: Sie dürfen aufreizende Kleidung generell an Ihrer Schule verbieten, weil dadurch der **„Schulzweck"** gestört wird. Denn jede staatliche Anstalt hat einen Zweck (in der Bibliothek ist es das Lesen, im Schwimmbad das Schwimmen, in der Schule das Lernen), und sobald dieser gestört wird, darf die Anstalt beschränkende Maßnahmen ergreifen. Da die aufreizende Kleidung

Begründung ist der Schulzweck

nachweislich ablenkt, wird der Schulzweck (das Lernen) gestört. Und dem dürfen Sie an Ihrer Schule etwas entgegensetzen. Vermutlich werden Sie dies nicht alleine mit wenigen Kollegen, sondern über Ihre schulischen Gremien (Schulkonferenz o. Ä.) festlegen. Somit ist eine solche Regelung nicht der Wunsch einiger Spießer, sondern eine demokratische Entscheidung, die ebenfalls von den Schüler- und Elternvertretern mitgetragen wird.

Verbot über demokratisches Gremium

70 Rechtsradikale Kleidung verbieten

Der aufreizenden Kleidung der Mädchen wollen einige Jungen etwas Gleichwertiges entgegensetzen. Nennen wir sie einmal Wotan, Fafnir und Hägar, die nur hier auftauchen und am Ende des Tipps gleich wieder verschwinden.
Aber bis dahin scheren sie sich den Schädel, schnüren ihre Füße in feste Stiefel und haben eine Vorliebe für die Kleidung bestimmter Marken wie Fred Perry, Thor Steinar oder LONSDALE und CONSDAPLE, um die es hier vor allem gehen soll. Da Peter Sielje gegen Rechtsextremismus ist und das Tragen solcher Kleidung in der Schule verbieten möchte, erkundigt er sich bei seinem Schulleiter, der sich in diesem Bereich informiert hat.
Folglich erklärt Karl Rotte nicht nur Sielje, sondern auch Ihnen: Das Tragen bestimmter Marken kann in der Schule generell verboten werden, allerdings nicht die Marke Fred Perry, weil hier der Bezug zur NS-Szene nur sehr indirekt besteht. Anders sieht es bei Thor Steinar („Auf den Spuren der Wikinger") aus. Das Tragen dieser Marke ist bereits in einigen Fußballstadien untersagt, auch einige Ladenlokale mussten schließen, weil sie diese anrüchige Marke anboten. Nun kommt die Übertragung auf die Schule: Da der Schulbesuch – entgegen einem weit verbreiteten Irrtum – **keine Freizeit** ist, kann die Schule, über ihre demokratischen Gremien, gewisse Beschränkungen in der Kleidung vorgeben. Die Begründung ist folgende: Mitschüler werden durch

Schule ist keine Freizeit

diese Kleidung möglicherweise eingeschüchtert, was den **Schulfrieden** gefährdet.

Begründung ist der Schulfrieden

Die Marken LO|**NSDA**|LE und CO|**NSDAP**|LE zeichnen sich dadurch aus, dass sie lediglich den Schriftzug NSDA(P) zeigen, wenn man die Bomberjacke „richtig" darüber trägt. Für die Schule bedeutet das: Solange ein Schüler den Schriftzug immer vollständig zeigt, können wir ihm das Tragen der Marke nicht verbieten. Trägt er aber nur ein einziges Mal die Bomberjacke so, dass allein der rechtsradikale Mittelteil sichtbar ist, dürfen wir ihm das Tragen der Marke (in der Schule) untersagen. In der Freizeit darf er die Marke ja wieder tragen – aber die Schule ist keine Freizeit.

Schüler vor der Fahrt ausschliessen

71

Ja, an unserer Schule geht es Schlag auf Schlag. Ständig gibt es herausragende Ereignisse, die weder die Kollegen noch Sie als Leser zur Ruhe kommen lassen. So steht demnächst für die Kollegen Sielje und Nass schon wieder eine Klassenfahrt an. Da sie bereits im Vorfeld mögliche Probleme verringern wollen, überlegen sie, ob es nicht möglich ist, Schüler von der Teilnahme an der Klassenfahrt auszuschließen. Mit dieser berechtigten Frage gehen sie zur ihrem Schulleiter, der ihnen (und Ihnen) die rechtlichen Möglichkeiten erklärt.

Ja, Sie können problematische Schüler unter bestimmten Umständen von der Klassenfahrt ausschließen. Dazu muss (1. Bedingung) diese Möglichkeit den Schülern vorgestellt werden, indem Sie ihnen ankündigen, denjenigen eventuell zu Hause zu lassen, der in der Zeit bis zur Klassenfahrt einen schweren Verstoß begeht. Jerome-Maurice lässt sich natürlich etwas zuschulden kommen. Also folgt jetzt der nächste Schritt (2. Bedingung), die konkrete Warnung. Dem Schüler wird sinnbildlich die „gelbe Karte" gezeigt und verdeutlicht, dass er beim nächsten Verstoß nicht mitfährt. Da Sie schon eine Vorstellung von Jeromes Persönlichkeit bekommen haben, ist es keine wirkliche Überraschung, dass er einen weiteren Verstoß begeht. Nun bekommt er die „rote Karte“, d.h. er muss zu Hause bleiben und den Unterricht in der Parallelklasse besuchen, aber ...

Achtung!

Die Verwaltungsgerichte haben den Ausschluss von einer Klassenfahrt als Verwaltungsakt eingestuft. Das bedeutet: Sie dürfen eine solche Maßnahme nicht alleine als Klassenlehrer verhängen, sondern brauchen dazu einen Beschluss der Klassenkonferenz. Dann aber geht es problemlos – oder auch nicht.

Ausschluss über die Konferenz

Denn vielleicht gibt es auch in Ihrem Kollegium pädagogische Gutmenschen, die daran glauben, dass ein Schüler, der sich im Regelbetrieb der Schule **nicht** an die Anweisung der Lehrkraft hält, in der gelockerten Situation einer Klassenfahrt plötzlich gehorsam und pflegeleicht sein wird.
Ich halte das für etwas naiv, aber diese Vorstellung gibt es. Falls also die Klassenkonferenz Ihrem Antrag nicht zustimmt, sollten Sie die Verantwortung für etwaige Verstöße des Schülers ablehnen. Schließlich haben Sie auf das Störpotential dieses Schülers hingewiesen. Notfalls könnten Sie unter diesen Bedingungen sogar von der Klassenfahrt zurücktreten, und zwar zugunsten der optimistischen Kollegen, die in der Mitnahme von Jerome kein Problem sehen.

72 Schüler von der Fahrt zurückschicken

Machen wir einen kleinen Zeitsprung. Das Kollegenpärchen Sielje und Nass ist bereits auf der Klassenfahrt, irgendwo in deutschen Landen in einer Jugendherberge. Jerome-Maurice wurde ausgeschlossen, aber Sascha-Pascal ist mitgefahren. Er hat begriffen, wann es ernst wird und wann man sich besser an die Regeln halten sollte. Das geschieht bei ihm allerdings nicht aus moralischer Überzeugung, sondern entspringt dem Kalkül, seine Verstöße immer so zu dosieren, dass er gerade noch mit einer Verwarnung davonkommt. Jetzt auf der Klassenfahrt lässt er jedoch „die Sau raus", weil er meint, es könne ihm nichts passieren. Denn welche Lehrkraft schickt schon einen Schüler wirklich wieder nach Hause? Die meisten drohen doch nur, machen es letztlich aber doch nicht, sondern lassen es bei einer „ganz, ganz strengen allerletzten Verwarnung" bewenden. Damit kann man als Schüler eigentlich gut leben.

Bei unseren beiden jungen Lehrkräften hat er sich jedoch getäuscht. Sie sind zwar nett und sympathisch, aber ebenso konsequent. Das, was sie ankündigen, machen sie auch. Und weil Sascha den kleinen Lukas ziemlich verprügelt hat, wollen sie Sascha trotz seiner Entschuldigung („Tschuldiung") nach Hause schicken.

Falls Sie ebenfalls einmal in einer solchen Situation sind, sollten Sie wissen: Auch das Zurückschicken von der Klassenfahrt ist ein Verwaltungsakt, für den man eigentlich einen Konferenzbeschluss bräuchte. Das geht natürlich nicht. Dieser Konferenzbeschluss wird daher durch die Entscheidung der Schulleitung ersetzt. Sie sind somit gehalten, in einem solchen Fall Kontakt mit der Schulleitung aufzunehmen, denn nur diese kann das Zurückschicken genehmigen.

Schulleitung ersetzt den Konferenzbeschluss

SOS-Tipp

Sollte die Schulleitung das ablehnen, trägt sie an etwaigen weiteren Verstößen des Schülers eine Mitschuld. Und Sie könnten im Gespräch mit der Schulleitung andeuten, dass Sie bei so geringer Unterstützung in Zukunft keine Klassenfahrten mehr durchführen werden.

73 Toilettengang nicht verbieten

Der Kollege Johannes Bähre, den Sie ja schon kennen, ist ziemlich genervt. In seiner 6. Klasse wollen während des Unterrichts immer wieder Schüler auf die Toilette, und zwar nicht nur gegen Ende der Stunde, sondern manchmal bereits einige Minuten nach Beginn des Unterrichts. Für ihn ist damit klar: Die Schüler haben die Pause mit unwichtigen Dingen verschwendet, die eigentlich wichtigen Dinge wie den Toilettengang aber vernachlässigt. Damit muss endlich Schluss sein! Also erklärt er seinen Schülern: „Während meines Unterrichts darf niemand auf die Toilette. Entweder ihr geht vorher oder ihr müsst bis zur nächsten Pause warten – oder euch in die Hose machen." Die letzte Alternative des Kollegen entspringt seinem etwas eigenartigen Humor, hat aber leider einen ernsten Hintergrund.

Denn Sie als Leser sollten die Kurzfassung folgenden Falls kennen: Eine Kollegin verbot einem Grundschüler (kurz nach der Pause), auf die Toilette zu gehen. Dieser meldete sich etwas später und sagte, er müsse aber dringend auf die Toilette. Die Kollegin stauchte den Schüler zusammen und beharrte auf ihrem Verbot. Kurz darauf machte sich der Schüler im Klassenraum in die Hose, was natürlich nicht nur zu Lachkrämpfen bei den Mitschülern führte, sondern (breaking news) zum Tagesgespräch in der gesamten Schule („Guck mal, der Hosenpisser") wurde. Die Kollegin bekam einen entsprechenden Eintrag in ihre Personalakte und wurde bei einem späteren Wunsch auf Beförderung nachrangig behandelt.

Fatale Folge eines Verbots

Falls Sie jetzt einwenden: „Ja, das war ja auch eine Grundschule!", gebe ich zu bedenken: Haben Sie (als Erwachsener) schon einmal plötzlich Durchfall gehabt? Wenn ja, dann kann doch so etwas grundsätzlich jedem passieren. Sie können natürlich den Toilettengang verbieten, wenn Sie absolut sicher sind, dass die Schüler nur eine Auszeit haben wollen und nicht wirklich auf die Toilette müssen. Vielleicht aber haben sie auch in der Pause nur herumgetobt und darüber tatsächlich vergessen, die Toilette aufzusuchen. Oder vielleicht hat jemand plötzlich Durchfall. Falls Sie sich zutrauen, dies immer treffend einzuschätzen, dann gibt es kein Problem mit einem Toilettenverbot. Wenn Sie aber nur einmal mit Ihrer Einschätzung falsch liegen, möchte ich (dienstrechtlich) nicht in Ihrer Haut stecken.

74

Die Kollegin Anna Nass ist viel zu gut für diese Welt – und vor allem für die Schule. Dass diese Gutmütigkeit ihr Probleme bescheren könnte, ahnt sie manchmal, aber heute nicht. Schließlich ist heute Sonntag, das Korrekturpensum ist (für heute) geschafft und sie möchte sich mit Peter Sielje im Fernsehen den Tatort (aus Köln) anschauen. Dazu gibt es leckere Schnittchen, die sie vorher liebevoll zubereitet hat.
Gerade als die Tatortmelodie ertönt, beginnt auch das Telefon zu klingeln. Anna ignoriert dies, auch als es – jeweils im Abstand von ca. drei Minuten – ein zweites, drittes und viertes Mal klingelt und die Dialoge im Fernsehen überlagert. Danach ist es ruhig, Anna und Peter atmen auf und versuchen, sich wieder auf die Handlung zu konzentrieren.
Da zerreißt ein anderer Klingelton die Gespräche der Fernsehhelden. Jetzt klingelt Annas Handy. Anna ist genervt, möchte dem Ganzen ein Ende setzen und nimmt das Gespräch an. Und wen hat sie am anderen Ende? Die Mutter von Charlotte. Sie möchte wissen, ob die Hausaufgabe zu Montag darin besteht, auf Seite 5 die Aufgabe Nr. 3 zu bearbeiten oder ob es auf Seite 3 die Aufgabe Nr. 5 ist.

Handynummer herausgegeben?

Sie meinen, das sei unrealistisch? Na ja, vielleicht. Aber nur in Bezug auf die Nachfrage zu einer Hausaufgabe. Andere Fragen oder Beschwerden kommen zu jeder Tages- und Nachtzeit, je nachdem, wann es den Eltern gerade passt.
Welche fatalen Fehler hat die Kollegin Nass gemacht? Sie hat nicht nur ihre private Telefonnummer herausgegeben, was schon sträflicher Leichtsinn ist, sondern (im Zuge der letzten Klassenfahrt) sogar ihre Handynummer. Das rächt sich jetzt.
Damit wenigstens Sie Ihren verdienten Feierabend genießen können, sollten Sie nicht denselben Fehler machen. Geben Sie den Eltern nicht Ihre Telefonnummer und schon gar nicht Ihre Handynummer.

Gleich mal ausprobieren

Für Klassenfahrten könnten Sie sich ein billiges Prepaid-Handy besorgen, das Sie nur für diese Zeit aktivieren.

Aber, werden Sie fragen, bin ich nicht verpflichtet, erreichbar zu sein? Natürlich müssen Sie für die Eltern **irgendwie** erreichbar sein. Das kann aber über eine schulische E-Mail-Adresse geschehen oder über eine schriftliche Mitteilung, die man im Sekretariat für Sie abgibt. Außerdem brauchen Sie nur zu den „verkehrsüblichen Zeiten" erreichbar zu sein bzw. in Ihre Mails schauen. Das ist der Zeitraum, in dem die meisten Geschäfte bzw. Behörden geöffnet sind, also etwa von 8:00 bis 18:00 Uhr. Der Abend und das Wochenende gehören aber mit Sicherheit nicht dazu.

Erreichbar zu verkehrsüblichen Zeiten

Geschiedene Eltern informieren

75

Die Eltern von Sascha-Pascal haben sich scheiden lassen und folgen damit einem aktuellen Trend. Aber Sascha kommt damit wohl ganz gut klar, denn schließlich ist er mit dieser familiären Situation kein Einzelfall mehr. Er kann (statistisch) sicher sein, in seiner Klasse mindestens sieben weitere Schüler zu finden, denen es ebenso geht.

Der Kollege Sielje, der immer mehr die schulrechtliche Seite von Ereignissen sieht, fragt sich, welche Konsequenz eine Scheidung für die schulische Informationspflicht hat.

Damit er (und Sie) das Ganze durchschauen, möchte ich zwei Dinge voranstellen: Erstens: Die Juristen unterscheiden für die Beantwortung dieser Frage zwischen

Zwei Bereiche unterscheiden

- Angelegenheiten des täglichen Lebens (Schulfest, Rückgabe der Lehrbücher) und
- Angelegenheiten von wesentlicher Bedeutung (Nichtversetzung, Ordnungsmaßnahme).

Zweitens: Der Regelfall bei Scheidungen (und Getrenntleben) ist heute die „gemeinsame Sorge", d.h. beide Eltern-

teile sind nach wie vor sorgeberechtigt. Aber fast immer lebt das Kind bei einem Elternteil, meist der Mutter, die damit das sog. „Aufenthaltsbestimmungsrecht“ hat.
Nun kommt die Erleichterung für Sie: Solange Sie keine anderen Erkenntnisse haben, reicht es, wenn Sie bei Angelegenheiten des täglichen Lebens nur den Elternteil informieren, bei dem das Kind lebt. Sie dürfen zunächst immer davon ausgehen, dass die Eltern sich untereinander verständigen. Bei Angelegenheiten von wesentlicher Bedeutung hingegen hat die Schule immer beide Elternteile zu informieren.

SOS-Tipp

Bei Angelegenheiten von **wesentlicher Bedeutung** immer beide Elternteile (bei gemeinsamer Sorge) informieren.

Schulisches Erziehungsrecht nutzen

76

Zwar ist Sascha beim Kollegen Sielje relativ unauffällig, bei der Kollegin Nass jedoch schlägt er häufiger über die Stränge. Und nicht nur das. Mehrfach fällt er unangenehm dadurch auf, wie er Mitschüler körperlich attackiert, weil diese ihn „dumm angucken“ und ihm gegenüber den nötigen Respekt vermissen lassen. Die Kollegin glaubt, Saschas Verhalten sei eine verzweifelte Reaktion auf die schmerzliche Trennung seiner Eltern und spricht lange mit ihm. Als sich jedoch sein Verhalten nicht ändert, sieht sie keine andere Möglichkeit, als Saschas Mutter zu einem ernsthaften Gespräch zu bitten. Die erscheint auch und erklärt ihr, es gehe einzig und allein um „Respekt“. Sie wolle ihrem Sohn vermitteln: Das Leben ist ein einziger Kampf, in dem nur die Stärksten sich durchsetzen. Und wenn jemand ihren Sohn schief anschaue, dann habe der auch das Recht, sich mit Gewalt „Respekt“ zu verschaffen. Die Kollegin kann sich des Eindrucks nicht erwehren, das so häufig gebrauchte Wort „Respekt“ bedeute wohl eher „Angst“ oder „Unterwerfung“, was sie in der Schule nicht billigt. Als sie dies der Mutter mitteilt, darf sie sich

Sie dürfen bei Erziehung mitreden

anhören: „Sie haben mir in die Erziehung meines Kindes gar nicht reinzuquatschen!"

Falls Sie dieses Argument ebenfalls schon einmal gehört haben, ist es gut zu wissen: Es stimmt nicht. Das Bundesverfassungsgericht (BVerfG) hat in einem zentralen Urteil (Sexualkundeurteil, Verzeichnis wichtiger Urteile, Nr. 7) herausgestellt: Es gibt keinen Vorrang des elterlichen Erziehungsrechts, sondern das Erziehungsrecht von Schule und Elternhaus ist absolut gleichberechtigt. Während die Eltern zuständig sind für die individuelle Erziehung zu Hause, liegt die Kompetenz der Schule in der kollektiven Erziehung. Sie hat das Ziel, die Schüler zu befähigen, sich in einer größeren Gruppe sozialverträglich zu verhalten.

› Verzeichnis wichtiger Urteile, Nr. 7

Auftrag der Schule: kollektive Erziehung

Binden Sie die Eltern mit ein

77

Irgendwann schlagen die Probleme mit Sascha auch beim Kollegen Sielje durch, weshalb er die Mutter ebenfalls zu einem Gespräch in die Schule bestellt. Er hat sich geistig schon auf das Argument eingestellt, das seine Freundin Anna Nass im vorigen Tipp zu hören bekam („Sie haben mir nicht reinzuquatschen!"). Aber Saschas Mutter ist flexibel bis unberechenbar, sobald es um eine Ausrede geht. Denn als Sielje sie auf etwaige Erziehungsdefizite im Elternhaus anspricht, entgegnet sie nonchalant: „Was hab' ich denn mit dem Verhalten meines Kindes in der Schule zu tun? Wenn Sie das stört, dann erziehen **Sie** ihn doch! Sie werden doch dafür bezahlt!"

Sielje ist einigermaßen sprachlos, obwohl er schon so einiges gehört hat. Dieses Ausmaß an elterlicher Bequemlichkeit ist ihm jedoch neu.

Später fragt er sich allerdings, ob Saschas Mutter nicht vielleicht Recht hat. Schließlich hat damals im Ausbildungsseminar der Fachleiter durch die Blume gesagt, die Schule sei ein Dienstleistungsbetrieb, und Lehrkräfte hätten dafür zu sorgen, aus Schülern und Eltern zufriedene „Kunden" zu machen.

Ich widerspreche ungern, aber hier irrt nicht nur der progressive Fachleiter, sondern ebenso der eine oder andere Schulleiter (hoffentlich nicht gerade Ihrer), der gleichermaßen von diesem Dienstleistungsbazillus befallen ist. Zum einen sind Schulen keine Dienstleistungsbetriebe, deren Aufgabe darin besteht, zufriedene „Kunden“ zu gewinnen. Wenn Schüler und Eltern mit Ihrer Arbeit als Lehrkraft zufrieden sind, ist das erfreulich – aber das ist nicht das Ziel. Dieses besteht vielmehr darin, den staatlichen Bildungsauftrag so gut wie möglich zu erfüllen. Zum anderen müssen die Eltern bei der Erfüllung dieses Auftrags ebenfalls mitwirken. Das steht sogar im Grundgesetz (Art. 6): „Pflege und Erziehung der Kinder sind das natürliche Recht der Eltern und die zuvörderst ihnen obliegende **Pflicht**.“ Im etwas altertümlich formulierten Schluss des Satzes haben wir genau die Verpflichtung, die Sie von den Eltern durchaus einfordern dürfen.

Schule ist kein Dienstleistungsbetrieb

Eltern müssen miterziehen

Hol- und Bringschuld unterscheiden

78

Eigentlich hätte es ein schöner Tag werden können, wenn nicht plötzlich die Mutter des kleinen Lukas aufgetaucht wäre. Sie gehört zu den sog. Helikopter-Müttern, die ununterbrochen über das Wohl ihres Kindes wachen und sich bei der Schulleitung darüber beschweren, wenn auf dem Brötchen in der Cafeteria mal wieder das Salatblatt fehlt (Kein Scherz!).

Die Kollegin Nass wird jedoch nicht auf fehlende Salatblätter angesprochen, sondern es geht um die Leistungsentwicklung des kleinen Lukas. Um bestmöglich darüber informiert zu sein, erwartet die Mutter, dass die Lehrerin sie einmal pro Woche anruft und ihr den Leistungsstand mitteilt. Anna zuckt bei dieser strammen Forderung zusammen und wir mit ihr, weil wir im Geiste hochrechnen, was da auf eine Lehrkraft zukommen könnte. Aber nicht nur Anna Nass kann sich entspannen, Sie dürfen es ebenfalls. Der Grund dafür liegt in den zwei Begriffen, die Sie bereits in der Titelzeile sehen. Juristen als pragmatische Menschen unterscheiden nämlich zwischen Holschuld und Bringschuld. Bei einer

Wer muss zu wem kommen?

Holschuld muss die andere Seite bei Ihnen etwas (ab)holen, bei einer Bringschuld müssen Sie (unaufgefordert) etwas bringen. Jetzt wird es spannend, weil wir zum Verhältnis von Schule und Elternhaus kommen: Informationen über die

Eltern haben eine Holschuld

Kinder sind **grundsätzlich eine Holschuld** der Eltern. Die Mutter müsste also bei Ihnen anrufen und nicht umgekehrt. Zu diesem formalen Kriterium kommt der zeitliche Abstand. Ein wöchentlicher Zwischenstand ist natürlich völlig überzogen. Aber falls engagierte Eltern alle 4–6 Wochen den aktuellen Leistungsstand ihres Kindes erfahren möchten, würde sich vermutlich niemand von uns dagegen sperren. Schließlich wünschen wir uns in der Schule ja engagierte

› Tipp 79

Eltern. Bitte weiterlesen, denn im nächsten Tipp kommen die Ausnahmen zu diesem Tipp.

79 Informieren Sie bei wichtigen Dingen

Anna Nass hat also (wie Sie) den vorigen Tipp gelesen und meint, ihn verstanden zu haben. Sie glaubt, Informationen über die Kinder seien eine Holschuld der Eltern. Halt! Das ist falsch. Das habe ich nicht gesagt bzw. nicht geschrieben. Es fehlt nämlich ein ganz wichtiges Wort. Ich habe geschrieben, Informationen über die Kinder seien **grundsätzlich** eine Holschuld der Eltern.

Mit diesem Wort („grundsätzlich") haben wir ein Lieblingswort der Juristen, durch das sie sich immer noch ein Türchen

Grundsätzlich heißt nicht immer

offen halten. Ein Durchschnittsbürger setzt das Wort „grundsätzlich" mit „immer" gleich, für Juristen bedeutet es „in der Regel", was etwas völlig anderes ist.

Denn wenn etwas der Regelfall ist, dann muss es auch Ausnahmen davon geben, und die sind meist viel interessanter.

Also: Im Regelfall sind die Informationen eine Holschuld der

Bringschuld bei wichtigen Dingen

Eltern, bei wichtigen Dingen jedoch entsteht eine Bringschuld der Schule bzw. eine Bringschuld für Sie.

Ich bin mir bewusst, dass der Begriff „wichtige Dinge“ nicht präzise ist, aber so schwammig ist er nun auch nicht.
Klären wir das, was unbestritten so wichtig ist, dass Sie hierüber unaufgefordert die Eltern informieren müssen:

1. Wenn ein Schüler riskiert, bei Ihnen zum Schuljahresende eine Fünf zu bekommen. Schließlich wissen wir, wie Eltern mit ihren Kindern reden: „Du kannst machen, was du willst, Hauptsache, du kriegst keine Fünf auf dem Zeugnis.“
2. Wenn bei einem Schüler die Nichtversetzung droht. Das läuft über die Klassenlehrer, indem die Schule ihre „blauen Briefe“ verschickt und damit ihrer Bringschuld nachkommt.
3. Wenn ein Schüler einen schweren disziplinarischen Verstoß begeht, z. B. einen anderen mit einer Waffe angreift.
4. Wenn die Gesundheit eines Schülers ernstlich gefährdet ist, Sie ihn also beim Drogenkonsum oder beim Rauchen erwischen. Es mag ja sein, dass Sie als passionierter Raucher keine Gesundheitsgefährdung erkennen können, aber objektiv ist dies so. Folglich müssen Sie die Eltern darüber informieren. Ob es diesen gelingt, ihr Kind zum Nichtraucher zu machen, ist (juristisch) nicht mehr Ihr Problem.

80 Verschweigen Sie den Eltern nichts

An unsere Schule kommt für einige Monate der englische Austauschlehrer William Christal, der unkonventionell und ausgesprochen cool ist. Bei seiner Pausenaufsicht geht der neue Kollege nicht nur die bequemen ausgetretenen Pfade des Pausenhofs. Nein, er ist nicht nur neugierig, sondern auch mutig. Er wagt es sogar, einmal um die Ecken zu schauen, wo sich einige Schüler herumdrücken, um ihren illegalen Tätigkeiten nachzugehen. Hier werden schwarz gebrannte DVDs verhökert, Pornos oder Gewaltvideos angeschaut, hier wird geraucht und manchmal sogar gekifft.

Als er kühn um die Ecke des Schulgebäudes geht, entdeckt er Jerome-Maurice, der gerade dabei ist, sich einen riesigen (unsauber gedrehten) Joint anzuzünden. Nachdem William ihm gezeigt hat, wie man eine korrekte „Tüte baut“, lässt er sich den Joint geben und macht ihm pflichtgemäß, aber halbherzig Vorhaltungen über sein unerlaubtes Tun. Erstaunlicherweise wirkt Jerome ziemlich betroffen, eine Gefühlslage, die bei ihm eher selten anzutreffen ist. Als der Kollege Christal ankündigt, Jeromes Eltern zu informieren, fängt der Junge an zu schwitzen und stammelt: „Bitte William, sagen Sie nichts meinen Eltern! Ich krieg' sonst riesige Probleme!“

Eltern bei wichtigen Vorkommnissen informieren

Und nun kommt die große Preisfrage: Wie wird sich Christal vermutlich verhalten? Was meinen Sie? Ich glaube, er wird sich als echter Kumpel erweisen und dem Schüler zusichern, seinen Eltern nichts zu sagen. Damit begeht er einen großen Fehler, den Sie besser vermeiden sollten.

› Tipp 79

Wenn Sie den Tipp davor gelesen haben, wissen Sie, warum ein solches Verschweigen nicht zulässig ist: Drogenkonsum ist eine ernste Gefährdung der Gesundheit und damit ein „wichtiges Ereignis“, das den Erziehungsberechtigten unbedingt mitzuteilen ist. Diese müssen die Gelegenheit bekommen, das schädliche Verhalten zu unterbinden. Das können sie aber nur, wenn sie davon erfahren. Wenn Sie es ihnen jedoch verschweigen, haben sie keine Möglichkeit dazu.

Zudem sollten – auch minderjährige – Schüler bereits die wichtige Erfahrung machen, dass jedes Handeln Folgen hat. Und wer etwas Verbotenes tut, der muss halt mit den unangenehmen Konsequenzen leben.

81 Gewähren Sie den Notenspiegel

Mietze Schindler, die etwas eigenartige Kollegin, kehrt hochgradig inspiriert von einer Fortbildung zurück. Dort hat man nicht nur in Gruppenarbeit bunte Moderationskärtchen ausgefüllt und an die Stellwand geheftet, sondern man hat in der Pause auch Bäume umarmt. Im Zuge dieser Fortbildung hat die Kollegin erfahren, dass der an die Tafel geschriebene Notenspiegel pädagogisch verwerflich ist. Nein, es geht noch nicht um den Datenschutz, der kommt weiter unten (Tipp 90). Ein Notenspiegel, so die Referentin, ist pädagogisch nicht zu vertreten, weil schwächere Schüler sich dadurch unter Druck gesetzt fühlen. Schließlich sehen sie, wo sie innerhalb der Klasse stehen und erkennen vielleicht mit Unbehagen, dass die meisten Mitschüler die Anforderungen problemlos erfüllt haben. Weil dies (leistungsmäßig) eine Schockstarre auslösen könne, solle man auf die Bekanntgabe des Notenspiegels tunlichst verzichten.

› Tipp 90

Notenspiegel pädagogisch bedenklich?

Die Kollegin Schindler ist begeistert. So hat sie das noch nie gesehen. Und weil sie ihren schwachen Schülern jede unangenehme Erfahrung ersparen möchte, verzichtet sie von nun an auf den Notenspiegel. Die meisten Schüler sind zwar enttäuscht, aber die Kollegin bleibt hart: Schluss mit dem diskriminierenden Notenspiegel!

Das geht so lange gut, bis sich irgendwann die Eltern von Lukas und Charlotte melden und den Notenspiegel einfordern. Sie behaupten, sie hätten darauf einen Rechtsanspruch, denn nur so könnten sie die Leistungsfähigkeit ihres Kindes richtig einschätzen. Die Kollegin ist verunsichert, denn zu diesem juristischen Aspekt hat sich die Referentin der Fortbildung leider nicht geäußert.

Weil sie das versäumt hat, muss ich nun aufklären: Die Eltern haben Recht, zumindest teilweise. Als Lehrkraft kennen Sie auch ehrgeizige Eltern, die nicht nur die Note ihres Kindes in einer Arbeit wissen möchten, sie wollen auch wissen, wo ihr Kind in der klasseninternen Rangfolge steht. Es soll eben, unabhängig von der Note, immer zu den Besten gehören. Da es noch nicht verboten ist, ausgesprochen ehrgeizig zu sein, hat das BVerwG in einem Urteil (Verzeichnis wichtiger Urteile, Nr. 8) festgelegt, dass diese Eltern einen Anspruch darauf haben, **ab und zu** ebenfalls den Notenspiegel zu erfahren. Um es ganz deutlich zu sagen: Sie müssen nicht nach jeder Klassenarbeit den Notenspiegel bekanntgeben, wohl aber ab und zu. Sie dürfen ihn also den Eltern (und auch den Kindern) nicht ständig verweigern.

› Anspruch auf Notenspiegel, Urteil Nr. 8

Schüler richtig anfassen

82

Gerade hat es zur großen Pause geklingelt und Peter Sielje hat Pausenaufsicht. Das hat er seinen Schülern auch mitgeteilt und sie aufgefordert, den Klassenraum möglichst zügig zu verlassen. Das jedoch beeindruckt die Schüler kaum, schließlich ist es nicht ihr Problem. Sie lassen sich Zeit, um in ihren Rucksäcken zu kramen und das zu suchen und herauszunehmen, was sie für eine entspannte Pause benötigen. Es sind schon fast fünf Minuten vergangen und noch immer wuseln einige im Klassenraum herum. Endlich sind auch die letzten, darunter natürlich Jerome-Maurice, auf dem Weg zur Tür und Sielje atmet innerlich auf. Jerome steht gerade im Türrahmen und will auf den Flur treten, als er sich mit einem „Ich hab' noch was vergessen!" plötzlich umdreht und wieder zurück in den Klassenraum will.

Schüler trödeln herum

Jetzt reicht es Sielje, denn er muss zu seinem – eher problematischen – Aufsichtsbereich. Er legt seinen Arm um Jeromes Schulter und schiebt ihn sanft hinaus, was Jerome allerdings gar nicht gefällt. So schreit er mit hochrotem Kopf: „Sie dürfen mich nicht anfassen! Das haben mir meine Eltern gesagt." Der Kollege zuckt zwar wegen des verbalen Ausbruchs zusammen, schiebt den Schüler aber trotzdem nach draußen, schließt die Tür ab und geht zu seiner Aufsicht.

Damit nähern wir uns der Frage, ob Lehrkräfte wie Sielje oder Sie Schüler anfassen dürfen oder nicht, denn auch selbstbewusste Eltern ermahnen uns manchmal eindringlich: „Fassen Sie mein Kind nicht an. Das dürfen Sie nicht!" Fangen wir mit dem Ergebnis an: Sie dürfen Schüler anfassen, ansonsten wäre z. B. eine qualifizierte Hilfestellung im Sportunterricht gar nicht möglich Allerdings gibt es beim Anfassen ein paar Dinge zu beachten, und vor allem männliche Lehrkräfte sollten insgesamt deutlich vorsichtiger sein als weibliche.

Sie dürfen anfassen, aber ...

Es gibt zwei Bereiche, die grundsätzlich für Berührungen tabu sind, und zwar der Kopf und die Geschlechtsteile. Denn wenn Sie einen Schüler dort ungeschickt anfassen, dürfen Sie hinterher immer mit einem der beiden Vorwürfe rech-

Nicht Kopf und Geschlechtsteile berühren

nen: „Die hat mich geschlagen!" oder „Der hat mich unsittlich berührt." Selbst wenn das nicht stimmt, wovon ich einmal ausgehe, bleibt der Verdacht als Gerücht im Raum stehen. Fassen Sie also einen herumtrödelnden Schüler, wenn Sie ihn aus dem Raum schieben, nicht zu hart an. Ich kenne den Fall eines Kollegen, der einen Schüler so kräftig am Arm packte, dass dieser deutliche blaue Flecken davontrug. Schüler und Eltern rannten sofort zum Arzt, der Fotos davon machte, die zusammen mit einer Beschwerde an die Schulbehörde geschickt wurden. Dreimal dürfen Sie raten, ob die Schulbehörde dieses harte Anfassen wohl gebilligt hat.

Nicht zu hart zupacken

Üben Sie Ihr Hausrecht aus

83

In der Klasse von Anna Nass brodelt es, Schüler und Eltern sind hochgradig unzufrieden: Die Kollegin gibt nicht nur regelmäßig Hausaufgaben auf, nein, sie kontrolliert sie sogar, und zwar bei allen Schülern. Welch ein Misstrauen! Und in den Klassenarbeiten gibt es sogar Fünfen. Ein Skandal! Denn Fünfen beweisen doch, dass es der Kollegin nicht gelingt, den Schülern etwas beizubringen. Gute Lehrer geben gute Noten, das weiß doch (außerhalb der Schule) jeder. Da die Kollegin Nass trotz dieser Vorhaltungen der Eltern jedoch bei ihrer Richtung bleibt, sieht sich die Elternschaft gezwungen, zu härteren Mitteln zu greifen.

Somit ereignet sich eines Tages Folgendes: Die Kollegin hat gerade die Klasse begrüßt, die Vollzähligkeit überprüft und das heutige Thema vorgestellt, als sich die Tür dynamisch öffnet. Es treten (ungebeten) ein: die Mutter von Jerome-Maurice, der Vater von Sascha-Pascal, der Vater von Chantal und die Mutter von Jacqueline. Saschas Vater, offensichtlich der inoffizielle Sprecher dieser Gruppe, erklärt: „Tja, Frau Nass, wir wollten uns selbst mal ein Bild davon machen, wie Ihr Unterricht ist."

Plötzlich auftauchende Eltern im Unterricht

Die Kollegin ist sprachlos, und Sie sind es hoffentlich auch. Allerdings gibt es solch dreistes Verhalten tatsächlich. Das gilt im Übrigen für alles, was Sie hier lesen: Nichts davon ist erfunden, alles hat tatsächlich so stattgefunden. Lediglich die Namen und Orte habe ich geändert bzw. verschwiegen.

In einer solchen Situation empfehle ich Ihnen, die Eltern höflich, aber **sehr bestimmt** wieder aus **Ihrem** Klassenraum zu schicken. Jawohl, Sie haben richtig gelesen, es ist Ihr Klassenraum, in dem Sie das Hausrecht haben. Grundsätzlich (!) darf niemand ohne Ihre Zustimmung in den Raum, denn das Hausrecht in der Schule ist folgendermaßen abgestuft: Sie haben das Hausrecht in Ihrem Unterrichtsraum, der Schulleiter besitzt das Hausrecht für die gesamte Schule.

Sie haben Hausrecht in Ihrem Raum

Demnach dürfte der Schulleiter natürlich ohne zu fragen in Ihren Raum. Er dürfte auch den Eltern erlauben, sich Ihren Unterricht anzuschauen, allerdings müsste er, im Zuge der vertrauensvollen Zusammenarbeit (Tipp 3), Sie **vorher** darüber informieren. In meinem Beispiel haben die Eltern aber nicht die Erlaubnis der Schulleitung, sondern wollen einfach so in Ihren Raum hineinspazieren. Und das dürfen sie nicht. Schluss, aus, raus.

› Tipp 3

Nicht vorschnell Ausnahmen machen

84

Sie merken es schon: Die Probleme an unserer kleinen Schule nehmen zu, was damit zusammenhängt, dass die Eltern immer fordernder werden. Einerseits soll die Schule ihren Kindern den höchstmöglichen Abschluss verschaffen, andererseits wollen Schüler und Eltern fast unbegrenzte Freiheiten genießen. Wenn das nicht unter einen Hut zu bringen ist, liegt es natürlich nicht an den weitreichenden Forderungen der Eltern, sondern am mangelnden Entgegenkommen der Schule. Schließlich hat sie als Dienstleistungsbetrieb jeden Kundenwunsch widerspruchslos zu erfüllen.

Mit dieser Einstellung erscheint eines Tages die Mutter des kleinen Lukas und bittet Peter Sielje darum, doch eine andere Lektüre zu lesen. Der hat nämlich als nächste Lektüre „Krabat“ von O. Preußler ausgewählt, ein empfohlenes und

Lektüreauswahl beeinflussen

vielfach ausgezeichnetes Jugendbuch. Allerdings geht es darin häufig um schwarze Magie, um Zauberei, ein Thema, das den Eltern von Lukas gar nicht gefällt. Deshalb fordert die Mutter den Kollegen Sielje auf, ein anderes Buch lesen zu lassen. Sollte er jedoch unsensibel und unflexibel sein und dabei bleiben, würden die Eltern sich weigern, das Buch anzuschaffen.

Eigentlich ist Sielje stets auf Konsens bedacht, aber in diesem Fall möchte er nicht nachgeben, weil er von der Qualität des Buches überzeugt ist. Trotzdem fragt er sich, ob vielleicht die passive Religionsfreiheit (vgl. Tipp 6) den Eltern bzw. dem Schüler das Recht gibt, die Lektüre zu verweigern.

› Tipp 6

Das geschilderte Problem scheint offensichtlich an immer mehr Schulen aktuell zu sein, denn auf meinen Fortbildungen werde ich in letzter Zeit oft darauf angesprochen. Glücklicherweise habe ich eine klare Antwort, auch für Sie: Das BVerwG hat in seinem richtungsweisenden Krabat-Urteil (Verzeichnis wichtiger Urteile, Nr. 9) festgelegt: Sie dürfen die regulären Inhalte des Curriculums für alle Schüler (Ohne Ausnahme!) verpflichtend machen. Sie dürften folglich nicht nur „Krabat", sondern sogar den „Zauberlehrling", den „Erlkönig" oder „Faust" lesen lassen. Anders ist es nur bei Dingen, die nicht Bestandteil des regulären Unterrichts sind, wie dem Weihnachtsgottesdienst. Die Teilnahme daran ist für Schüler (und Lehrkräfte) freiwillig (Tipp 7).

› Krabat-Urteil, S. 142, Nr. 9

› Tipp 7

Fristen bei Attesten kennen

85

Die Kollegin Nass, die aus didaktischen Gründen für so einiges herhalten muss, unterrichtet auch Sport. Um Ostern herum lässt sie die Schüler etwas vorturnen, das benotet wird. Chantal fehlt unentschuldigt. Zwei Wochen später gibt es einen zweiten Termin zum Vorturnen, bei dem Chantal wieder (unentschuldigt) fehlt. Es naht das Schuljahresende, und die Kollegin gibt die Noten bekannt. Sie erklärt Chantal, sie müsse mit einer Fünf rechnen, da sie beide Male bei der

Leistungsüberprüfung unentschuldigt gefehlt habe. Tags darauf reicht Chantal ein ärztliches Attest ein, das rückwirkend (8 Wochen) bestätigt, die Schülerin sei zu beiden Terminen nachweislich krank gewesen. Die Schule akzeptiert dieses deutlich verspätete Attest nicht, worauf die Schülerin vor Gericht zieht – und verliert.

Rückwirkendes Attest

Von dieser Entscheidung profitieren auch Sie in vergleichbaren Fällen, einen kleinen Wermutstropfen gibt es allerdings: Da es sich bei der Dreitagesfrist von Entschuldigungen/Attesten um eine sog. „weiche" Ordnungsfrist handelt, müssten Sie eine Entschuldigung selbst dann noch annehmen, wenn sie erst am 4. oder vielleicht sogar am 5. Tag ankommt. Danach ist Schluss. Keinesfalls, so das entsprechende Urteil (Verzeichnis wichtiger Urteile, Nr. 11), brauchen Sie Entschuldigungen und Atteste zu akzeptieren, die erst Wochen oder gar Monate später nachgereicht werden. Und das ist doch auch schon etwas.

› Verzeichnis wichtiger Urteile, Nr. 11

Wertschöpfung beachten

86

Die Kollegin Nass, vielleicht wissen Sie es noch, unterrichtet ebenfalls Kunst. Da sie ihren Lerngruppen zeigen möchte, was gute Schüler aus anderen Klassen bereits geschaffen haben, legt sie eine Mappe mit „Vorzeigebildern" an. Sie lässt sich also nach jeder abgeschlossenen Arbeit von guten Schülern deren Arbeiten geben, um sie der folgenden Klasse zu zeigen. Das ist überzeugender, als wenn sie den Schülern nur Arbeiten von professionellen Künstlern zeigen würde. Das Verfahren läuft mehrere Jahre ausgesprochen gut. Aber wie heißt es so treffend: „Der Krug geht so lange zu Wasser, bis er bricht."

Vorzeigebilder in Kunst

Somit erscheinen eines schönen Tages die Eltern von Charlotte und Lukas, deren Bilder häufig als Vorzeigebilder benutzt werden, und fordern die Herausgabe der Bilder, weil sie doch Eigentum ihrer Kinder seien. Um es möglichst kompliziert (aber erkenntnissteigernd) zu machen, befinden wir uns in einem Bundesland mit völliger Lernmittelfreiheit, bei der sogar das Zeichenpapier von der Schule gestellt wird. Deshalb argumentiert die Kollegin, die Schüler hätten zwar die Bilder gemalt, das Papier sei aber von der Schule gestellt worden, also gehörten die Bilder der Schule.

Wem gehören die Bilder?

Wie sehen Sie das? Halten Sie diese Argumentation für durchschlagend? Die juristische Frage ist doch: Was ist mehr wert, das Blatt Papier oder die schöpferische Leistung darauf? Das Entscheidende ist natürlich die schöpferische Leistung. Die Juristen klären das über die sog. Verarbeitung (§ 950 BGB), wonach derjenige Eigentümer der Sache wird, der durch seine Bearbeitung ein höherwertiges Werk schafft. Da die Schüler keine Staatsangestellten sind, sondern nur für sich selbst arbeiten, gehören ihnen die Bilder. Die Schule könnte allerdings den Ersatz des gestellten Materials, also des Bogens Papier, vom Schüler bzw. dessen Eltern verlangen.

Befolgen Sie die Folgepflicht

87

Endlich ist große Pause, und die Kollegen unserer Schule können kurze Zeit verschnaufen, bevor es wieder losgeht. Gut haben es diejenigen getroffen, die heute keine Aufsicht haben, denn es hat gerade geschneit und trotz des unermüdlichen Einsatzes des Hausmeisters liegt überall frischer Schnee auf dem Schulhof.

Weil er keine Aufsicht hat, sitzt Johannes Bähre entspannt auf seinem Sessel im Lehrerzimmer und schaut interessiert nach draußen. Dort steht nämlich Peter Sielje auf verlorenem Posten. Obwohl er eigentlich recht durchsetzungsfähig ist, sausen die Schneebälle nur so um ihn herum. Zwar werfen die Schüler nicht vor seinen Augen, aber da er hinten keine Augen hat, fliegen die Bälle immer dann, wenn er sich umdreht. Bähre ist hochgradig erfreut und wünscht sich insgeheim, ein Schneeball möge Sielje bald treffen. Aus diesen angenehmen Gedanken wird er jedoch jäh herausgerissen,

Kollegen bei der Aufsicht unterstützen?

als der Schulleiter den Raum betritt und ihn (und drei weitere Kollegen) auffordert, die Pause einzustellen und den Kollegen Sielje bei der Pausenaufsicht zu unterstützen. Dafür hat Bähre überhaupt kein Verständnis, schließlich hat er Pause. Soll der Kollege Sielje doch sehen, wie er alleine klarkommt! „Jeder für sich – Gott für uns alle!", das ist Bähres schlichte Devise.

Vermutlich hängt es davon ab, mit wem Sie sich identifizieren. Als Bähre würden Sie vielleicht ähnlich denken und vor allem Ihre Pause sehen, als Sielje würden Sie sich dringend Unterstützung wünschen. Ich bedaure, Ihnen keine bessere Auskunft geben zu können, aber in einem solchen Fall müssen Sie der Anweisung der Schulleitung folgen. Der Grund dafür liegt in der Gehorsamspflicht des Beamten, die manchmal gerne (weicher) als „Folgepflicht" bezeichnet wird, weil „Gehorsam" so hart klingt.

Pflicht zum Gehorsam in dienstlichen Angelegenheiten

Sie sind also verpflichtet, in dienstlichen Dingen den Anweisungen der Schulleitung (zu ihr gehören Schulleiter und Stellvertreter) zu folgen. Im obigen Fall ist der dienstliche Bezug ganz klar: Alleine hat der Kollege Sielje keine Chance, das gefährliche Schneeballwerfen einzudämmen, aber mit vier zusätzlichen Kollegen ist das durchaus möglich. Und da die Sicherheit der Schüler absoluten Vorrang hat, muss das Recht auf eine Pause eben zeitweilig dahinter zurücktreten.

Remonstration kennen

88

Der Kollege Bähre hat der Schulleitung immer noch nicht verziehen, wie sie ihm die Pause verdorben hat, indem er den ungeliebten Kollegen Sielje bei dessen Aufsicht unterstützen musste. Also versucht er, der Schulleitung zu zeigen, was eine Harke ist. Bei jeder passenden (und unpassenden) Gelegenheit remonstriert er. Manchmal remonstriert er jedoch ganz bewusst nicht, lässt die Schulleitung ins Messer laufen und erzählt stolz im Lehrerzimmer, wie inkompetent der Kollege Rotte ist.

Zwar habe ich mir vorgenommen, auf juristische Fachbegriffe weitgehend zu verzichten, aber hier geht es nicht anders. Schließlich sollten Sie nicht nur diesen wichtigen Begriff, sondern auch die Bedingungen für seine Anwendung kennen. Die beamtenrechtliche Remonstration („Gegenvorstellung") ist das Recht, seinem Vorgesetzten etwaige Bedenken gegen die Rechtmäßigkeit einer dienstlichen Anordnung vorzutragen.

Deutsch: Gegenvorstellung

Achtung!

Es geht nicht um die Frage, ob eine Anweisung zweckmäßig oder pädagogisch sinnvoll ist, sondern es muss der Verdacht bestehen, sie sei **rechtswidrig.**

Wenn Sie die Vermutung der Rechtswidrigkeit vorgetragen und begründet haben, geht es wie folgt weiter: Der Schulleiter überprüft (hoffentlich) seine Anweisung. Bleibt er bei seiner Anordnung, Sie jedoch bei Ihren Bedenken, dann kommt der nächste Schritt. Der Schulleiter muss bei seiner vorgesetzten Schulbehörde nachfragen, und diese entscheidet. Falls bei der Schulbehörde niemand zu erreichen und/oder die Angelegenheit besonders dringend ist, kann die Schulleitung auch ohne Absicherung „von oben" auf der Durchführung ihrer Anweisung bestehen.

Sie als Lehrkraft haben jedoch die Möglichkeit, falls Sie die Entscheidung immer noch für falsch, d.h. rechtswidrig halten, sich die umstrittene Anweisung **schriftlich** geben und Ihre Remonstration festhalten zu lassen. Dadurch sind Sie entlastet, z.B. falls es später eine Beschwerde gegen diese Maßnahme geben sollte.

Schriftliche Absicherung für Sie

Allerdings hat die Remonstration zwei Seiten. Sie ist nämlich nicht nur ein Recht, sondern ebenso eine **Pflicht** des Beamten. Wenn Sie also sicher wissen, dass eine Anordnung Ihrer Schulleitung rechtswidrig ist, dürfen Sie nicht (wie der Kollege Bähre) die Schulleitung ins Messer laufen lassen. Vielmehr müssen Sie Ihrem Vorgesetzten Ihre Bedenken vortragen, um so etwaige Fehler innerhalb des Schulbetriebs zu vermeiden.

Sie legen die Noten fest

89

Der Konflikt zwischen Rotte und Bähre verschärft sich. Ständig versuchen beide, sich gegenseitig etwas am Zeug zu flicken, wobei es im Moment so scheint, als hätte Karl Rotte die besseren Karten. Bähre hat nämlich eine Klassenarbeit schreiben lassen, die so schlecht ausgefallen ist, dass einige Eltern schreiend zur Schulleitung gelaufen sind, um sich über die Noten zu beschweren. Ganz vorne in der Reihe der Erbosten stehen die Eltern von Jerome-Maurice, der in dieser Arbeit eine Fünf hat. Rotte geht der Beschwerde pflichtgemäß nach, schaut sich die Arbeit an und kommt zu dem Ergebnis, hier hätte man auch noch eine Vier geben können. Tags darauf bestellt er Bähre zu sich, teilt ihm genüsslich seine Einschätzung mit und gibt ihm die Anweisung, Jeromes Note unverzüglich in eine Vier zu ändern. Bähre meint zwar ziemlich sicher zu sein, er als zuständige Lehrkraft dürfe die Note festsetzen, ist aber verunsichert. Sollte er hier wieder einmal falsch liegen?

Ich mag zwar den Kollegen Bähre nicht besonders, aber Recht muss Recht bleiben. Und warum sollte er nicht auch einmal (fast) richtig liegen? Fangen wir wieder einmal mit dem Prinzip an. Der Schulleiter darf Ihre Note grundsätzlich nicht ändern. Er darf Sie beraten, er darf Sie intensiv oder sogar sehr intensiv beraten, aber nicht Ihre Note ändern. Das dürfte die Schulleitung nur bei einem offensichtlichen, eklatanten Verstoß, wenn Sie sich z. B. beim Zusammenzählen der Punkte gravierend verrechnet hätten.

Schulleitung darf beraten, aber nicht selbst Noten ändern

In den typischen Fällen, bei denen man sich über eine Note streiten kann, haben **Sie** deshalb das Recht, die Note festzusetzen. Allerdings kann Ihre Entscheidung von der vorgesetzten Schulbehörde, die zugleich auch Fachaufsicht ist, nicht nur überprüft, sondern auch geändert werden. Das ist der Nachteil, wenn Sie in einem hierarchischen System arbeiten: Es gibt fast immer jemanden, der Sie überprüfen und Ihnen Weisungen erteilen kann. Der einzige Ausweg: Selbst Kultusminister/-in werden! Aber ob das eine echte Alternative ist, darüber gehen die Meinungen auseinander.

Bleiben Sie locker beim Notenspiegel

90

› Tipp 81

Während einige Kollegen beim Anschreiben des Notenspiegels ausgesprochen zurückhaltend sind (vgl. Tipp 81), können andere gar nicht genug davon bekommen. Sie lieben Notenspiegel, weil diese den Schülern nachdrücklich zeigen, wo etwa der Durchschnitt der Klasse liegt – und wo sie selbst stehen. Die Kollegen erhoffen sich davon bei den Schülern einen Motivationsschub, sich so anzustrengen, dass sie zumindest zum Mittelfeld aufschließen.

Zu den Befürwortern des Notenspiegels gehört auch Peter Sielje, der nun nach kurzer Abwesenheit wieder auftaucht. Nach jeder Klassenarbeit, aber ebenso nach wichtigen Tests, schreibt er den Notenspiegel an die Tafel. Lukas und Charlotte sehen sich dadurch in ihrem Arbeitseifer bestätigt, Jerome-Maurice und Sascha-Pascal erkennen, wie sie wieder einmal zu den wenigen gehören, die unter dem Strich liegen. Doch es kommt so, wie es kommen muss: Irgendwann wenden sich die Eltern von Jerome und Sascha an den Kollegen Sielje und fordern, in Zukunft keine Notenspiegel mehr an die Tafel zu schreiben. Denn, so ihre Begründung, dies würde eindeutig gegen den Datenschutz verstoßen.

Notenspiegel verstößt nicht gegen Datenschutz

Vermutlich kennen auch Sie dieses Argument, das gerne von besorgten Eltern hervorgebracht wird. Weil es so häufig genannt wird, lohnt sich eine juristisch saubere Klärung des Problems.

Sicher, der Datenschutz ist nicht nur ein hohes Gut, sondern seine Einhaltung ist eine ständige Forderung an Schule und Lehrkräfte. Aber geschützt sind nur personenbezogene Daten. Was nun verbirgt sich hinter diesem Schlüsselbegriff? Es sind Daten, die sich direkt (oder indirekt) mit einer **konkreten Person** in Verbindung bringen lassen. Wenn Sie also einem Schüler vor der gesamten Klasse die Arbeit mit den Worten zurückgeben: „Tja, Sascha, das war mal wieder nichts. Das ist eine glatte Fünf!“, dann verstoßen Sie eindeutig gegen den Datenschutz, weil Sie öffentlich die Fünf mit dem Namen des Schülers verbinden. Damit wird aber klar: Das Anschreiben eines Notenspiegels stellt keinen Verstoß

Notenspiegel ist anonym

gegen den Datenschutz dar. Denn die Noten sind ja anonymisiert, kein Mitschüler weiß, wer eine Fünf hat. Sogar wenn es nur eine Fünf in der Klassenarbeit geben sollte, weiß niemand, wer diese hat – es sei denn, der Schüler sagt es selbst. Und wer freiwillig seine Daten bekannt gibt, der hebt den Schutz seiner Daten freiwillig auf.

Fotografieren Sie Schüler korrekt

91

In den letzten Stunden vor den Weihnachtsferien ist normaler Unterricht nur schwer möglich. Deshalb suchen Kollegium und Schulleitung nach attraktiven Alternativen. Eine davon ist das vorweihnachtliche Fußballturnier, an dem auch Peter Sielje mit seiner 7. Klasse teilnimmt. Während die Jungen um Jerome-Maurice das Leder malträtieren, unterstützen die Mädchen, angeführt von Chantal, sie als Cheerleader. Die Klasse legt sich enorm ins Zeug und kommt im Laufe des Turniers immer weiter. Da Sielje in seiner Klasse u. a. Sport unterrichtet, filmt er einzelne Bewegungsabläufe, um sie später auszuwerten. Daneben macht er Fotos von fußballerisch dramatischen Szenen sowie von Kunststückchen der Mädels, die in der letzten Stunde vor den Ferien bei der klasseninternen Weihnachtsfeier angeschaut werden sollen.

Fotos von Schülern

Das Turnier schreitet voran, wobei Sieljes Klasse von Sieg zu Sieg eilt und tatsächlich den ersten Platz erreicht. Selbstredend macht der Kollege ein Foto der siegreichen Mannschaft. Da unsere fiktive Schule sich in einem kleinen Ort (30 000 Einwohner) befindet, ist auch die lokale Presse anwesend, fotografiert den stolzen Sielje, der nicht widerspricht, mit seiner siegreichen Mannschaft und veröffentlicht das Bild am folgenden Tag.

Am nächsten Nachmittag rufen unabhängig voneinander Jeromes Vater und Chantals Mutter an und beschweren sich darüber, dass die Fotos ihrer Kinder ohne die Zustimmung der Eltern veröffentlicht wurden. Damit kommen wir zu der Frage, was Sie in vergleichbaren Situationen dürfen. Sie dürfen nicht so sorglos wie Sielje handeln, denn das wäre rechtswidrig. Schauen wir uns die möglichen Handlungen einmal an:

1. Schulintern: Für einzelne Fotos, aber auch Filmaufnahmen, die im **Klassenverband** gezeigt werden, brauchen Sie zwingend die Einwilligung der Erziehungsberechtigten.
2. Ortsintern: Die nächste Stufe ist erreicht, sobald die örtliche Presse fotografiert. Denn jetzt erreicht die Veröffentlichung deutlich mehr Menschen, bekommt also eine andere Qualität. Dass manche Lokalreporter Kinder und Jugendliche ohne Einwilligung der Eltern fotografieren, kann keine Entschuldigung für Sie sein. Vor allem nicht, weil Sie die Bedeutung des Datenschutzes kennen. Sie müssen hier stellvertretend die Interessen der Kinder wahrnehmen, und die Reporter darauf hinweisen, dass sie die Schüler nicht ohne Einwilligung der Eltern fotografieren dürfen. Bitte weiterlesen!

Fotos durch örtliche Presse zulassen?

Vorsicht bei der Homepage

92

Der Musterfall ist aber noch nicht zu Ende, sondern wird erweitert. Nach dem grandiosen Sieg bittet Karl Rotte, der ebenfalls anwesende Schulleiter, den Kollegen Sielje, doch zwei Fotos seiner Klasse auf die Homepage der Schule zu stellen, damit möglichst viele die Bilder sehen können. Eines soll die siegreiche Mannschaft zeigen, ein anderes die Mädchen als Cheerleader. Sielje sagt geschmeichelt zu und verdrängt den Gedanken an die starke Verbreitung der Fotos, weil er glaubt, indirekt eine Erlaubnis zu besitzen.
Die Fotos werden also auf der Homepage veröffentlicht und wieder ruft Chantals Mutter erbost an, um sich über die Veröffentlichung zu beschweren. Die Mutter befürchtet, dass Pädophile oder Mädchenhändler auf ihre hübsche Tochter aufmerksam werden könnten. Aber Sielje, der früher einmal zwei Semester Jura studiert hat, ist sich keiner Schuld be-

wusst. Schließlich habe jeder Schüler/jede Schülerin doch mitbekommen, wie er den Fotoapparat vors Auge gehoben und zum Lächeln aufgefordert habe und niemand habe widersprochen. Damit habe ein **konkludentes Handeln** vorgelegen. Darunter verstehen Juristen eine **stillschweigende Einwilligung**, indem man sich in einer bestimmten Art und Weise verhält. Wenn ich Sie also bitte, sich in Positur zu stellen, dann meine Kamera vors Auge hebe und Sie auffordere, freundlich zu lächeln, dann dürfte ich Sie fotografieren. Denn Sie hätten stillschweigend, einfach nur durch Ihr Posieren, deutlich gemacht, damit einverstanden zu sein.

Kein konkludentes Handeln

Dieses Argument greift nicht, weil die Schule es nicht mit Erwachsenen zu tun hat, sondern mit Kindern bzw. Jugendlichen, die noch nicht **selbstbestimmungsfähig** sind, wie es die Juristen nennen.

Schüler sind noch nicht selbstbestimmungsfähig

Nach gängiger Rechtsprechung ist das erst ab dem 16. Lebensjahr möglich, und nur sofern es sich um Sachverhalte handelt, die die Schüler überschauen können. Von diesem Alter ist eine 7. Klasse jedoch noch deutlich entfernt.

Der nächste Stolperstein liegt in der völlig anderen Qualität einer Homepage, deren heimeliger Begriff in den meisten Fällen trügerisch ist. Falls der Zugang nicht durch ein persönliches Kennwort begrenzt ist, kann die Seite nämlich **weltweit** eingesehen werden. Das heißt, hier liegt die größtmögliche Verbreitung vor. Vermutlich sind die Befürchtungen von Chantals Mutter übertrieben – aber völlig auszuschließen sind sie nicht.

Homepage ist weltweit einsehbar

Wie verhalten Sie sich als Lehrkraft korrekt? Sie holen die Einwilligung der Eltern ein, und zwar **mit separater Unterschrift** für jede der drei Stufen der Veröffentlichung (schulintern, ortsintern, weltweit). Dafür könnten Sie zum Ende des Buches blättern (Kopiervorlage 1), sich den Vordruck kopieren, von den Eltern unterschreiben lassen und in Zukunft mit gutem Gewissen schlafen.

› Kopiervorlage 1

Verkünden Sie Noten vertraulich

93

Das Halbjahresende steht kurz bevor und Anna Nass muss ihren Schülern die Endnoten bekannt geben. Viele Kollegen verwenden dafür den Begriff der „Notenbesprechung", obwohl dieser Begriff schief ist und bei den Schülern nur falsche Hoffnungen weckt. Die Noten werden nämlich nicht „besprochen", so wie man das Für und Wider eines Kinobesuchs bespricht, sondern sie werden bekannt gegeben, sie werden von der Lehrkraft verkündet. Die Schüler dürfen gerne etwas dazu sagen, besitzen aber kein Mitspracherecht im Sinne einer Mitbestimmung.

Keine Besprechung, sondern Verkündung

Für die Bekanntgabe ihrer Noten begibt sich die Kollegin Nass in die Diskretionszone auf dem Flur. Die Klasse erhält einen Arbeitsauftrag, damit sie beschäftigt ist, und die Kollegin lässt zusätzlich die Tür halb geöffnet, um bei eventuell auftretender Unruhe schnell wieder im Klassenraum zu sein. Ältere Kollegen wie Karl Rotte (oder ich) kennen noch die öffentliche Notenbesprechung als Regelfall. Das heißt, früher wurden alle Noten öffentlich verkündet, etwas anderes war gar nicht vorstellbar. Dann jedoch wurde der Datenschutz „entdeckt", und zwar durch das Volkszählungsurteil des BVerfG (1983), das den Datenschutz wie ein Grundrecht einstufte. Obwohl die Juristen einen anderen Begriff benutzen, nämlich „das Recht auf informationelle Selbstbestimmung", bleiben wir (deutlich kürzer) beim „Datenschutz". Dieser verbreitete sich so rasant, dass öffentliche Notenbesprechungen heute die absolute Ausnahme sind. Auch die Kollegin Nass bespricht ihre Noten immer unter vier Augen, obwohl das nicht zwingend notwendig wäre. Solange niemand widerspricht, dürfen Sie die Noten durchaus öffentlich verkünden. Sollte jedoch nur ein Schüler fordern, seine Note nicht vor allen darzulegen, so müssen Sie das respektieren. Der Datenschutz genießt eben absoluten Vorrang.

„Informationelle Selbstbestimmung"

Datenschutz hat Vorrang

Nun folgt ein persönliches Bekenntnis, das Sie vielleicht überrascht. Als sich die Art der Notenbesprechung änderte, war ich wegen des erhöhten Aufwands etwas ungehalten. Inzwischen habe ich meine Meinung geändert, weil ich glaube, dass die diskrete Notenbesprechung zwei große Vorteile bietet. Zum einen können die Schüler nicht mehr wie früher sich gegenseitig unterstützen und so insgesamt bessere Noten herauskitzeln. Zum anderen kommen Sie – die Lehrkraft – heute bequem aus einer (früher) schwierigen Situation heraus. Stellen Sie sich einmal vor, Sie hätten Jerome in der Diskretionszone (auf dem Flur) gesagt, er bekäme eine Vier. Daraufhin rastet er aus und hält Ihnen vor: „Das darf doch nicht wahr sein! Meinem Kumpel Sascha haben Sie aber eine Drei gegeben, das erklären Sie mir mal!"

Um die Ecke gedacht

Früher, vor der Erfindung des Datenschutzes, hätten Sie dies rechtfertigen müssen. Heute könnten Sie ganz entspannt fragen: „Hä, welcher Sascha?". Denn da Sie den Datenschutz ernst nehmen, brauchen Sie mit keinem Schüler über die Note eines anderen zu reden. Sie dürfen es nicht einmal. Jeder Schüler bekommt nur **seine** Note mitgeteilt.

Schützen Sie Adressenlisten

94

Ein neues Schuljahr hat begonnen und Peter Sielje ist wieder einmal Klassenlehrer. Er hat sich nicht darum gerissen, aber da Kollegen wie Johannes Bähre oder Mietze Schindler als Klassenlehrer eher ungeeignet sind, hat die Schulleitung wieder auf ihn zurückgegriffen. Das ist halt das Schicksal der Guten in der Schule: Um Schäden zu begrenzen, werden sie von der Schulleitung häufiger herangezogen als diejenigen, die schlecht arbeiten.

Sielje muss also einen Elternabend durchführen, auf dem auch die Elternvertreter gewählt werden. Dazu lässt er eine Adressenliste herumgeben, auf der alle Eltern ihre Anschrift eintragen sollen. Diese Liste soll dann an die übrigen Eltern verteilt werden, damit jedes Elternpaar über die Adressen (und Telefonnummern) der anderen Eltern verfügt.

Die Liste geht herum und Sielje steckt sie ein, ohne sie sich genauer anzusehen. Erst zu Hause stellt er fest, dass bei den Eltern von Chantal und Sascha zwar die Handynummern, nicht aber die Adressen vermerkt sind. Auf seine Nachfrage bei diesen Eltern erhält er die Antwort, diese würden sich aus Gründen des Datenschutzes weigern, ihre Adresse öffentlich zu machen. Sielje ist erstaunt. Das hat er ja noch nie gehört. Wo ist das Problem bei der Angabe der Adresse?

Adresse nicht angegeben?

Ich erkläre es gern, denn dafür werde ich bezahlt. Die Angabe einer Adresse (in Verbindung mit dem Namen) ist eine personenbezogene Information und unterliegt deshalb dem Datenschutz. Und nun kommt der Begriff „Social screeening" ins Spiel. Was er bedeutet, wird Ihnen schnell klar, wenn Sie z. B. Googles „Street View" nutzen. Dort können Sie nach Eingabe einer Adresse genau sehen, wie die jeweilige Umgebung aussieht. Sie erkennen, ob Chantals Elternhaus in einem vornehmen Villenviertel oder in einem Gebiet mit heruntergekommenen Sozialwohnungen liegt.

Social screening

Aber seien wir mal ehrlich. Für dieses „social screeening" brauchen Sie gar nicht Street View. Wenn Sie sich in Ihrer Stadt auskennen, wissen Sie ganz genau, wo die guten Wohngebiete liegen und wo „man" eigentlich nicht wohnt, wenn man es irgendwie vermeiden kann.

Die Bedenken der Eltern sind also durchaus gerechtfertigt. Natürlich muss **der Schule** die Adresse der Eltern bekannt sein, um wichtige Post (z.B. blaue Briefe) zuzustellen. Die Eltern sind aber nicht verpflichtet, sie den anderen Eltern zu geben.

Vorsicht bei Klassenbucheinträgen

95

Chantal und Jacqueline pubertieren um die Wette. Nicht nur, dass sie aussehen, als wären sie in einen Schminkkoffer gefallen, sie tuscheln auch ständig miteinander. So sehr sich Anna Nass auch abmüht, einen ansprechenden Unterricht zu machen, an den beiden perlen ihre Anstrengungen ab wie

Wasser an einer gut geölten Ente. Solange die Mädels leise sind, versucht Anna dies zu ignorieren. Aber die zwei werden immer munterer und fangen an, launige Bemerkungen quer durch die Klasse zu rufen. Dies zu ignorieren geht nicht, denn die Mitschüler lachen, was jedes Mal den Unterricht stört. Die Kollegin warnt die beiden und droht mit einem Eintrag ins Klassenbuch. Selbst das kann die beiden nicht beeindrucken. Also zieht Anna die logische Konsequenz und trägt ins Klassenbuch ein: „Chantal und Jacqueline stören den Unterricht."

Eintragung ins Klassenbuch?

In der großen Pause erzählt sie Peter von den nervigen Störungen und ihrer Reaktion. Peter ist zwar grundsätzlich auf Annas Seite, fühlt sich allerdings verpflichtet, sie vor etwaigen Fehlern zu warnen. Deshalb stellt er die Frage, ob das Eintragen einer solchen Bemerkung nicht bereits gegen den Datenschutz verstoße.

Auch ich bin ja prinzipiell auf der Seite der sympathischen Kollegin, aber Peter hat leider Recht. Die schönen Zeiten sind vorbei! Früher durfte man nicht nur Bemerkungen dieser Art ins Klassenbuch eintragen, sogar die Noten der Klassenarbeiten standen dort aufgelistet. Jede in der Klasse unterrichtende Lehrkraft konnte sich somit schnell einen Überblick darüber verschaffen, wie die Noten in den anderen Fächern waren. Das war ungemein praktisch, ist jedoch aus Gründen des Datenschutzes nicht mehr zulässig.

Das Klassenbuch können viele einsehen

Sie dürfen also weder die Noten von Klassenarbeiten noch „diskriminierende" Bemerkungen über Schüler dort eintragen. Etwas anderes gilt für Kurshefte (in der Oberstufe), die nur Sie (und die Schulleitung) in die Hand bekommen. Ein Klassenbuch hingegen ist öffentlich einsehbar, d. h. auch andere Schüler können in den kleinen Pausen darin herumstöbern, um interessante Neuigkeiten zu finden.

Um die Ecke gedacht

Die Frage, ob man, wie es heute noch regelmäßig geschieht, in das Klassenbuch die Fehlzeiten von Schülern eintragen darf, wird höchst kontrovers diskutiert, ist aber noch nicht abschließend geklärt.

Krankmeldungen diskret behandeln

96

Selbst beim knackigen Kollegen Bähre fehlen gelegentlich einzelne Schüler. Dies jedoch lässt er nicht einfach so durchgehen. Er achtet nicht nur darauf, dass die Entschuldigungen und Atteste fristgemäß abgegeben werden (vgl. Tipp 85), sondern forscht auch intensiv nach. Die Entschuldigung von Schülern: „Ich war krank", genügt ihm nicht. Er möchte genau wissen, welche Krankheit festgestellt wurde, schließlich liest er regelmäßig die „Apothekenrundschau" und hält sich auf medizinischem Gebiet für sachkundig. In besserwisserischer Art belehrt er die Schüler darüber, sie hätten keine Grippe gehabt, sondern höchstens einen grippalen Infekt. Und dieser sei nun wirklich kein Grund, nicht zur Schule zu kommen. Keine Gnade gibt es, wenn er nachmittags oder sogar am selben Vormittag einen krankgeschriebenen Schüler in der Stadt herumlaufen sieht. Dann wird dieser öffentlich vorgeführt, weil jetzt offensichtlich ist, dass er gar nicht krank war.

› Tipp 85

Nachforschen bei Krankheiten?

Wie bewerten Sie das Verhalten des Kollegen? Ich finde, etwas mehr Zurückhaltung wäre durchaus angebracht. Damit stellt sich die Frage: Wie präzise müssen eigentlich die Informationen sein, die man Ihnen als Lehrkraft gibt? Es müsste sich herumgesprochen haben, dass es so etwas wie eine ärztliche Schweigepflicht gibt. Deswegen steht auf ärztlichen Attesten ja auch keine Diagnose. Also muss die Schule nur erfahren, dass ein Schüler „aus gesundheitlichen Gründen" fehlt. Sie haben also keinen Anspruch darauf, dass Jerome Ihnen, vielleicht sogar öffentlich, erklärt, er sei wegen eingewachsener Fußnägel, Hämorrhoiden oder einer AIDS-Untersuchung beim Arzt gewesen.

Ärztliche Schweigepflicht

Ich teile ja durchaus Ihren Verdacht, dass manche Schüler die Schule schwänzen und einige dafür sogar einen Arztbesuch in Kauf nehmen. Aber damit müssen wir leben. Selbst die Tatsache, einen krankgeschriebenen Schüler in der Stadt zu sehen, besagt noch gar nichts. Stellen Sie sich umgekehrt bitte einmal vor, Ihnen ginge es hundeelend. Sie melden sich krank, gehen am Morgen zum Arzt, der Ihnen Medikamente verschreibt. Also gehen Sie zur Apotheke, durchqueren dabei die Fußgängerzone Ihrer Stadt – und werden dabei von einigen Schülern gesehen, die heute erst später zur Schule müssen. Prompt werden die Schüler erzählen, Sie seien gar nicht krank gewesen, sondern seien durch die Innenstadt gebummelt, um einzukaufen. Dabei waren Sie objektiv krank.

Das berechtigte Interesse kennen

97

Keine Regel ohne Ausnahme! Ich hoffe, Sie haben mein Vorgehen erkannt, erst einmal das Grundprinzip zu verdeutlichen, um dann auf wichtige Ausnahmen einzugehen. Eine davon nehmen wir uns jetzt vor, indem wir Peter Sielje zu seiner Aufsicht auf den Pausenhof begleiten. Dort wird dem kleinen Lukas von einem anderen Schüler (Marvin, 10. Klasse) ein Bein gestellt. Lukas stürzt und verletzt sich dabei erheblich. Seine Eltern erfahren von dem Vorfall und gehen davon aus, dass der Sturz ihres Sohnes kein unglücklicher Zufall, sondern böse Absicht war. Das wollen sie nicht durchgehen lassen, sondern Marvin dafür rechtlich zur Verantwortung ziehen. Zwar kennen sie über ihren Sohn den Vornamen des Schülers, nicht aber den Nachnamen und schon gar nicht die Adresse seiner Eltern. Jedoch wissen sie, dass Sielje zu diesem Zeitpunkt Aufsicht hatte und den Missetäter genau kennt. Folglich wenden sie sich an ihn und bitten ihn um Name und Anschrift.

Eltern planen rechtliche Schritte

Sielje bedauert, keine Auskunft geben zu können, weil der Datenschutz ihm dies verbiete. Tatsächlich? Nicht ganz. Grundsätzlich (!) dürfen Sie nicht die Daten anderer Schüler oder Eltern herausgeben, hier jedoch haben wir eine wichtige Ausnahme, die Sie kennen sollten. Unter Berufung auf das **berechtigte** Interesse dürften Sie Lukas' Eltern die gewünschten Informationen geben. Die Eltern wollen ja nicht nur herummaulen. Das wäre nur ein einfaches Interesse und würde nicht genügen. Nein, sie wollen Marvin verklagen. Das ist ihr gutes Recht, welches sie aber nur wahrnehmen kön-

Ausnahme beim Datenschutz: das berechtigte Interesse

nen, wenn sie den vollständigen Namen und die Anschrift des Jungen haben. Würden Sie diese Auskunft verweigern, würden Sie die Strafverfolgung unmöglich machen oder zumindest erheblich erschweren. Das ist der Grund, um – im Ausnahmefall – personenbezogene Daten weiterzugeben.

98 Vorsicht bei Volljährigen

Da wir uns nicht an einer Berufsschule (Berufskolleg) befinden, gibt es an unserer Musterschule nur wenige volljährige Schüler, was die Sache aber nicht leichter macht. Einer von ihnen, nennen wir ihn einmal Justin, sitzt in der Abschlussklasse von Anna Nass. Bereits einen Tag nach seinem 18. Geburtstag ist er zu Hause ausgezogen und wohnt jetzt mit seiner Freundin zusammen in einer Wohngemeinschaft. Wenn er einmal in der Schule auftaucht, was nicht häufig der Fall ist, lässt er heraushängen, dass er volljährig ist und sich eigentlich von niemandem etwas sagen lassen muss. Das ist ziemlich nervig. Doch Annas Hoffnung, den Schüler im nächsten Jahr loszuwerden, ist ziemlich groß. Seine Fehlzeiten sind so enorm, die Leistungen so extrem schwach, dass er vermutlich seinen Abschluss nicht bekommen wird und die Schule verlassen muss.

Die Kollegin macht sich also Sorgen und überlegt, ob sie nicht die Eltern des Schülers benachrichtigen soll, damit diese auf ihn einwirken. Allerdings hat Justin einmal vor der Klasse gesagt, dass er es der Schule verbiete, mit seinen „Erzeugern" in Kontakt zu treten. Falls es irgendwelche Probleme gebe, habe man sich an ihn zu wenden – und an niemanden sonst.

Volljähriger untersagt Information seiner Eltern

Mit diesem Verbot im Kopf begibt sich die Kollegin zur Schulleitung, um sich dort fachkundigen Rat zu holen. Den bekommt sie – und Sie damit auch. In vielen Bundesländern, z. B. Bayern, Rheinland-Pfalz oder NRW, können die Eltern von volljährigen Schülern auch **gegen deren Willen** über wichtige Ereignisse (Nichtbestehen, Verweisung von der

Schule) informiert werden. Allerdings müssen die Schüler davon in Kenntnis gesetzt werden. Begründet wird diese Vorgehensweise mit den Amokläufen von Erfurt und Winnenden, denen die o.g. Ereignisse vorausgingen, über die die Eltern nicht informiert waren. Viele Kultusministerien stellen deshalb das Verhindern eines möglichen Amoklaufs über das Recht des volljährigen Schülers.

Unterschiedliche Regelung in den Bundesländern

Anders haben Bundesländer wie Niedersachsen und Hessen entscheiden, denn hier dürfen, wenn der Schüler eine Informationsweitergabe untersagt hat, die Eltern **nicht** informiert werden.

Es lohnt sich also, einen genauen Blick in die entsprechende Regelung im Schulgesetz Ihres Landes zu werfen und sich notfalls mit dem Problem an diejenigen zu wenden, die besser bezahlt werden, weil sie mehr Verantwortung tragen.

SOS-Tipp

Tragen Sie Ihre Bedenken (unter Zeugen) der Schulleitung vor und lassen Sie diese dann entscheiden. Das ist der Vorteil einer Hierarchie: Es gibt immer jemanden, der besser qualifiziert ist und uns die Entscheidung abnehmen kann.

Nichts vorschnell wegwerfen

99

Das Buch nähert sich seinem Ende und der letzte Tipp resultiert aus der eigentlich lobenswerten, hier aber völlig unangebrachten Ordnungsliebe des Kollegen Sielje, der auf den letzten Metern auch noch Mathematik unterrichten musste. Was macht er am Schuljahresende, nach der Zeugnisausgabe? In einem Anfall von Erleichterung wirft er, bevor er mit Anna Nass in die Sommerferien verreist, sämtliche Unterlagen ins Altpapier. Dass er dabei gegen den Datenschutz verstößt, weil er die Unterlagen mit den Schülernoten nicht shreddert, ist noch das kleinere Problem. Das größere besteht darin, dass die Unterlagen als Beleg nicht mehr verfügbar sind. Denn es gilt die profunde Lebensweisheit: „Der

Alles weg nach Schuljahresende?

Teufel ist ein Eichhörnchen", was besagt, dass sich aus harmlos erscheinenden Situationen wahre Katastrophen entwickeln können.

Jerome-Maurice, unser Beispielschüler, hat seinen Abschluss bekommen (Verwaltungsakt, Tipp 15). Da die Schule aber versäumt hat, ihn auf die Möglichkeit des Widerspruchs hinzuweisen, beträgt die Widerspruchsfrist nun leider ein ganzes Jahr.

› Tipp 15

Elf Monate später bewirbt Jerome sich bei einer Versicherung, bekommt die Stelle jedoch nicht, weil er in Mathe nur eine Vier hat. Also ficht er die Note vor Gericht an – und das darf er.

Sie können sich vorstellen, in welcher Klemme der Kollege Sielje jetzt steckt. Um seine damalige Note zu rechtfertigen, müsste er dem Gericht nämlich seine Unterlagen vorlegen. Die aber hat er längst entsorgt. Das ist Pech für ihn und Glück für Jerome, weil dieser mit seiner Klage durchkommen wird, nur weil Sielje gegen die Archivierungspflicht verstoßen hat.

Sie müssen Unterlagen aufbewahren

Machen Sie es besser: Packen Sie die Unterlagen, v. a. Notenlisten des abgeschlossenen Jahres, in einen großen Karton, beschriften Sie ihn und heben Sie ihn zwei weitere Schuljahre auf. Dann sind Sie auf der sicheren Seite, weil danach kein Widerspruch mehr zulässig ist.

Die geschriebenen Klassenarbeiten/Klausuren sind nicht Ihr Problem, denn die müssen in der Schule archiviert werden. Aber auch hierzu ein kleiner Tipp, sozusagen als Bonus: Es gibt bereits Schulen, die Klassenarbeiten/Klausuren nicht mehr in Hefte, sondern auf einzelne DIN A 4-Bögen schreiben lassen. Diese werden nach der Korrektur in einen Scanner automatisch eingezogen und gescannt. Dieses Verfahren, das auch Krankenkassen und Finanzämter anwenden, spart nicht nur eine Menge Platz, sondern verhindert auch etwaige nachträgliche Korrekturen an den Arbeiten.

1. Einwilligung zu Fotos und Filmaufnahmen

Mit diesem Formular entscheiden Sie, ob und in welchem Maße Sie der Schule erlauben, Fotos oder Filmaufnahmen von Ihrem Kind zu machen. Diese Entscheidungen können Sie jederzeit schriftlich widerrufen.
Bitte kreuzen Sie das Entsprechende an (mehrere Kreuze sind möglich) und unterschreiben Sie dann das Formular.

Name des Kindes:	Klasse:
	Die Entscheidung über Fotos und Filmaufnahmen stelle ich **meinem Kind** frei.
	Ich erlaube der Schule, generell Fotos von meinem Kind zu machen und diese **schulintern** zu nutzen.
	Dies soll auch für schulische Filmaufnahmen (z. B. im Sportunterricht) gelten.
	Die Fotos meines Kindes, z. B. von Wettbewerben, dürfen an die örtliche Presse weitergegeben werden.
	Der Name meines Kindes darf dazu genannt werden.
	Ich bin damit einverstanden, dass Fotos meines Kindes auf der Homepage der Schule veröffentlicht werden. **Hinweis:** Informationen auf Homepages können weltweit gesucht und abgerufen werden.
	Ich möchte nicht, dass in der Schule Fotos oder Filmaufnahmen von meinem Kind gemacht werden.

Ich werde diese Entscheidung mit meinem Kind besprechen. Es wird die Lehrkraft ggf. daran erinnern, wenn es nicht fotografiert/gefilmt werden soll.

(Datum) (Unterschrift)

2. Medizinische Erstversorgung, Medikamentengabe

Name des Kindes:	Klasse:
1. Einwilligung Erstversorgung Ich bin damit einverstanden, dass die Lehrkräfte der Schule (oder das Sekretariat) mein Kind bei leichten Verletzungen versorgen. Entsprechendes bitte ankreuzen.	
	Ein Pflaster aufkleben.
	Einen vorläufigen Verband anlegen.
	Eine Zecke entfernen.
(Unterschrift)	
2. Aushändigung von Medikamenten Ich bin damit einverstanden, dass die betreuende Lehrkraft meinem Kind das folgende Medikament aushändigt:	
Ich habe zur Kenntnis genommen: Bei der Aufbewahrung des Medikaments **handelt es sich um eine reine Gefälligkeit, die keine Ansprüche gegen die Lehrkraft bzw. die Schule begründet.** Es wird kein Verwahrungsvertrag geschlossen und die Bereitschaft, das Medikament auszuhändigen, bedeutet nicht die Übernahme eines Auftrags. Mir ist bewusst, dass die Lehrkraft auch vergessen kann, meinem Kind das Medikament auszuhändigen bzw. es an die Einnahme zu erinnern. Ich bin bereit, dieses Risiko zu tragen. (Handschriftlich *Gelesen und einverstanden*)	
(Datum, Unterschrift eines Erziehungsberechtigten)	

3. Hygiene bei Schulfesten

Die folgenden Regeln sind das absolut notwendige Minimum.

Die 10 wichtigsten Hygieneregeln

1. Häufig Hände waschen, besonders nach Toilettenbesuch.
2. Lebensmittel nicht mit bloßen Händen anfassen, sondern mit Zangen usw.
3. Lebensmittel mit Spuckschutz (aus Plexiglas) schützen.
4. Vorsicht bei rohen Eiern! Nur frische Eier verwenden. Aufgeschlagene Eier schnell durchgaren oder kühl lagern.
5. Vorsicht bei tiefgekühltem Fleisch, besonders bei rohem Geflügel! Auftauflüssigkeit nicht an andere Lebensmittel kommen lassen.
6. Vorsicht bei Hackfleisch! Produkte wie Frikadellen nicht während des Festes herstellen, sondern zu Hause durchgaren und dann kühlen.
7. Erwärmte Lebensmittel müssen völlig durchgegart sein, sie dürfen nicht innen noch roh sein.
8. Rohe Fleischwaren, Milchprodukte und Mayonnaisen nicht der Sonne aussetzen, sondern im Kühlschrank aufbewahren.
9. Rohware getrennt von verzehrfertiger Ware lagern.
10. Warme Speisen durchgängig warm halten (mind. 65 °C) und nicht länger als drei Stunden vorrätig halten.

Ich bestätige, die oben aufgeführten Informationen zur Hygiene bei Schulfesten erhalten und gelesen zu haben. Falls ich Lebensmittel mitbringe, werde ich mich daran halten.

(Ort, Datum) (Unterschrift)

4. **Gesundheitsbogen** (wird vertraulich behandelt)

Name des Teilnehmers/der Teilnehmerin:

a. Unser Kind hat (vollj. Teiln.: Ich habe) zur Zeit folgende **Krankheit/en** (z. B. Herz-Kreislaufschwäche, Diabetes, Epilepsie, Allergien, Bluter):

Bitte auf Folgendes achten (evtl. Rückseite nutzen):

b. **Tetanusnachweis:** Ein Impfschutz liegt vor: ja / nein
Wenn ja, bitte unbedingt Impfpass mitnehmen.

c. **Ansprechpartner für dringende Fälle:**

Name:

Adresse:

Telefon (Festnetz):

Telefon (mobil):

E-Mail:

Wann/Wo zu erreichen:

d. Unser Kind ist (vollj. Teiln.: Ich bin) bei folgender Versicherung **krankenversichert:**

(Ort, Datum, Unterschrift des/der Erziehungsberechtigten bzw. des vollj. Teilnehmers/der vollj. Teilnehmerin)

5. Einwilligung volljähriger Schüler/-innen

Name Teilnehmer/-in:

1. Pflichtprogramm
Ich verpflichte mich, an den verbindlichen Veranstaltungen bzw. den Vorbesprechungen teilzunehmen.

2. Übernachtung
Ich verpflichte mich, die Nächte in der Gemeinschaftsunterkunft zu verbringen und zur festgelegten Zeit auf meinem Zimmer zu sein. Ich weiß, dass das Verlassen des Gebäudes während der Nacht einen schweren Verstoß darstellt, der die sofortige Rückreise zur Folge haben kann.

3. Alkohol
In der Freizeit (oder unter Aufsicht) darf ich rauchen und Alkohol zu mir nehmen. Ich verpflichte mich aber, mich nicht zu betrinken, d. h. keinen höheren BAK-Wert als **0,5 ‰** aufzuweisen. Ich verpflichte mich, im Zweifelsfall einen Alkoholtest abzulegen. Die Weigerung, mich testen zu lassen, kann gegen mich gewertet werden. Bei einem BAK-Wert von mehr als 1,0 ‰ muss ich damit rechnen, sofort auf eigene Kosten nach Hause geschickt zu werden.

4. Einwilligung
Ich weiß, dass meine Teilnahme an der Fahrt freiwillig ist. Falls ich mich jedoch dafür entscheide mitzufahren, verpflichte ich mich, alle oben genannten Regeln einzuhalten. Sollte ich gegen diese Regeln verstoßen, muss ich damit rechnen, auf eigene Kosten zurückzufahren.

(Handschriftlich *Gelesen und akzeptiert*)

(Datum und Unterschrift)

Verzeichnis wichtiger Urteile

1. Zweites Kopftuchurteil (Religionsfreiheit)
BVerfG, Beschluss vom 27.01.2015

2. Beurteilungsspielraum (Leistungsbewertung)
BVerwG, Urteil vom 24.04.1959

3. Tests als mündliche Note
VG Braunschweig, Urteil vom 25.11.1998

4. Beweislastumkehr (Aufsichtspflicht)
BGH, Urteil vom 13.12.2012

5. Umsetzen von Schülern
VG Braunschweig, Beschluss vom 05.01.1989

6. Festhalten im Klassenraum (Kollektivstrafe)
OVG Schleswig, Urteil vom 05.11.1992

7. Sexualkundeurteil (Erziehungsrecht der Schule)
BVerfG, Urteil vom 21.12.1977

8. Anspruch auf Notenspiegel
BVerwG, Beschluss vom 03.07.1978

9. Krabat-Urteil (passive Religionsfreiheit)
BVerwG, Urteil vom 11.09.2013

10. Arbeitsmaterialien vom Dienstherrn
OVG Koblenz, Urteil vom 26.02.2008

11. Annahmefrist von Attesten
VG Berlin, Beschluss vom 28.08.1987

12. Anscheinsbeweis (Täuschungsversuch)
BVerwG, Beschluss vom 20.02.1984

Register

(Die Verweise beziehen sich auf die jeweiligen Tipp-Nummern.)

A

B

C

D

E

F

G